Kathrin Rüegg / Werner O. Feißt

Einfache Küche von Kathrin und Werner

Kathrin Rüegg / Werner O. Feißt

Einfache Küche von Kathrin und Werner

Was die Großmutter noch wusste, Band 13

Einbandgestaltung: Nicole Lechner
Titel- und Inhaltsfotos: Peter A. Wendt, Fotograf und Regie-Kameramann, Baden-Baden
Abbildung Seite 21: Tourist-Information, Basel
Abbildungen Seiten 11, 13, 14, 16 und 18: Foto Homberger, Arosa:

Peter A. Wendt, geboren 1938, Fotostudium in München, war 38 Jahre lang Kameramann beim Südwestfunk. Zehn Jahre lebte er in Buenos Aires, um von dort ganz Süd- und Mittelamerika für die ARD zu bereisen. In den letzten Jahren arbeitete er mit an der Serie »Schätze der Welt – Erbe der Menschheit«, hatte mehrere Foto-Ausstellungen und gestaltete mit viel Begeisterung – zusammen mit seiner Frau – die Bilder für dieses Kochbuch.

Elke Vigier, 1942 geboren, arbeitete lange Jahre bei einer großen deutschen Modezeitschrift als Designerin. Sie kochte für dieses Buch die Rezepte von Kathrin Rüegg und Werner O. Feißt. Als begeisterte Köchin besitzt sie ein fast nicht enden wollendes Arsenal an Geschirr, Töpfen und Pfannen.

Wir bedanken uns bei Peter A. Wendt, Sabine Wendt und Elke Vigier für ihre Arbeit. Ohne sie gäbe es dieses Buch nicht.

ISBN 3-275-01402-1

1. Auflage 2001

Copyright © by Müller Rüschlikon Verlags AG,
Gewerbestraße 10, CH-6330 Cham

Nachdruck, auch einzelner Teile, ist verboten. Das Urheberrecht und sämtliche weiteren Rechte sind dem Verlag vorbehalten. Übersetzung, Speicherung, Vervielfältigung und Verbreitung einschließlich Übernahme auf elektronische Medien wie Bildschirmtext, Internet usw., ist ohne vorherige schriftliche Genehmigung des Verlages unzulässig und strafbar. (Ausgenommen sind die Aktivitäten des SWR im Rahmen der Sendungen »Was die Großmutter noch wusste«.)

Lektorat: Myrta Baumberger
Innengestaltung: Ipa, 71665 Vaihingen/Enz
Satz: Ipa, 71665 Vaihingen/Enz
Druck und Bindung: Fotolito LONGO, Bozen
Printed in Italy

Inhalt

Einfache Küche von Kathrin

Geschichten

Vorwort 7

Jugend 10

Krieg 15

Bruder und Schwester allein 31

Rezepte

Suppen
Bündner Bohnen- und Gerstensuppe 36
Tomatensuppe 38
Peperonisuppe 39
Spinat-, Blattmangold- oder Brennnesselsuppe 40
Soldaten-Käsesuppe 41
Chäs-Chügelisuppe 42
Minestrone 43
Zwiebelsuppe 44
Appenzeller Haferflockensuppe 45
Waadtländer Suppe 46

Hauptgerichte
Veltliner Reis (Riso alla valtellinese) 47
Tomatenfondue 48
Saaner Raveg'chöch (Butterrüben, Bodenkohlrabi) 50
Kuttelplätze 50
Veltliner Pizzocheri 51
Ramequin (Käse-Weißwein-Gratin) 52
Käseauflauf aus dem Waadtland (Gougère) 53

Genfer Malakoff 54
Savoyardischer Kartoffel-Käse-Gratin 55
Gratin dauphinois 56
Spaghetti Antonio 57
Sellerie-Kartoffelsalat 58
Auberginen-Auflauf 59
Gebackener Curry-Reis 60
Schweinshaxen 63
Tessiner Spezzatino 64
Ramozerhörnli 66

Beilagen
Buchweizennudeln 60
Bündner Polenta 63
Rösti 64
Französisches Kartoffelsoufflé 66
Gratinierte Kartoffelkroketten 68
Kräuterkartoffeln 69

Süßspeisen und Desserts
Grießauflauf 70
Apfelrösti 71
Rohrnudeln 72
Vogelheu 74
Vanillesauce 75
Bündner Apfelkuchen 76
Süße Fladen 78
Bienenstich 79
Früchtepudding 80
Schokoladenpudding 80

Inhalt

Einfache Küche von Werner

Geschichten

»Italienischer Salat« – ein Vorwort 82

Vom Sparen 84

Vom einfachen Leben 87

Eine Familie auf Kreta 92

Eine Frau für den König 99

Vom Leben und Sterben eines Mönchs 106

Rezepte

Suppen
Linsensuppe 110
Bärlauchsuppe 111

Hauptgerichte
Bananenauflauf 112
Quarkauflauf 113
Blumenkohlauflauf 114
Etwas Ausgefallenes aus dem Saarland 115
Leberknödel 116
Kachelmus 117
Cervelat-Wurstsalat 118
Schweizerkäse-Salat 118
Elsässer Salat 118
Tiroler Gröstel 120
Saure Blättle 121
Maultaschen 122
Königsberger Klopse 124
Kakalinski oder Bäbb 126
Blindhuhn 127
Bunter Fischtopf 128
Schinkenmakkaroni 129
Makkaroni-Auflauf 130
Italienischer Salat 132
Schäufele 134
Eingemachtes Kalbfleisch 136
Gefüllte Kalbsbrust 138
Ofenkartoffeln 140
Eier im Gefängnis 141

Beilagen
Betenbartsch 142
Grünkernküchle 143
Löwenzahnsalat 144
Kartoffelküchle 146
Bibeliskäs 147

Süßspeisen
Apfelküchle 148
Kirschenplotzer 150

Register 152

Die Rezepte sind für 4 Personen berechnet.

Vorwort

»Spare in der Zeit, so hast du in der Not ...«
Abgedroschenes Sprichwort oder Weisheit vieler Generationen, denen das Sparen das Überleben ermöglichte? Eigentlich ist Sparen zu jeder Zeit angebracht. Unter »Sparen« verstehe ich keineswegs »geizig sein«, vielmehr »sorgsam umgehen« – sei das nun in der Küche, bei der Kleidung oder sonst irgendwo. Aber unsere Wertvorstellungen – unsere Vorstellungen, was und wo man sparen könnte und sollte, haben sich geändert. Manchmal packt mich das blanke Entsetzen, wenn ich sehe, mit welcher Achtlosigkeit mit vielem umgegangen wird, das in der heutigen Gesellschaft zu einem bloßen »Ding« geworden ist. Einem Ding, mit dem sparsam umzugehen sich nicht lohnt – an das man gar keinen Gedanken mehr verschwendet.

Ich muss gar nicht so weit gehen, um damit die lebensverachtende Massentierhaltung anzuprangern. Bei mir beginnt es schon dort, wo Lebensmittel – eben wie Dinge – dem Verderben preisgegeben und dann logischerweise weggeworfen oder – eigentlich noch schlimmer – entsorgt werden, »weil sie nicht mehr ganz frisch sind«. Die Spar-Kenntnisse, wie man z.B. welkes Gemüse und Salat wieder frisch machen kann, gelten nichts mehr. »Da hat es zu wenig Vitamine drin«, ist dann die Ausrede. (Als ob damit all das, was man sonst im Laufe des Tages an Ungesundem zu sich nimmt, entschuldigt wäre!)
Übel nehmen kann ich diese Haltung niemandem, der nach den Kriegsjahren geboren worden ist. Auch nicht jemandem, der gewohnt ist, die Dinge des täglichen Lebens im Supermarkt zu erstehen. Da ist eben Brot etwas, was man von der Theke des Bäckers kauft. Was dahinter steckt, weiß man nicht mehr. Die Poesie des Kornes, das keimt, des Halms, der sich der Sonne entgegenstreckt, der Ähre, die reift, geerntet, gedroschen wird ... Wer denkt schon daran?
Und – ja natürlich – die Milch kommt aus der Tüte!
Ich hasse fromme Redensarten. Aber hier muss ich ehrfürchtig sagen: Für mich sind Gemüse, Früchte, Getreide, Fleisch, Wolle, Leder Gottesgaben. Wenn ich solche verschleudere, dann versündige ich mich.
Natürlich kann man argumentieren, man hätte all das ja mit seinem Geld bezahlt. Sauer verdientem Geld vielleicht. Aber was nützt alles Geld, wenn die Natur nicht so gütig wäre, unsere Nahrungsmittel wachsen zu lassen? Die Schöpfung steht auch heute noch zuoberst, und es wird wohl immer so bleiben. Die landwirtschaftlichen Maschinen – und seien sie noch so große Wunderwerke der Technik – könnten nicht ein einziges Getreidekorn hervorbringen, wäre nicht die höhere Macht da, die uns das schenkt.
Ich weiß: da sind auch die vielfältigen Vorschriften der heutigen Lebensmittelgesetze. Da sind die Verfalldaten auf allen Verpackungen. Aber bitte: Verfalldatum heißt doch noch lange nicht, dass das entsprechende Lebensmittel einen Tag nach dem aufgedruckten Datum schon verdorben wäre und somit weggeschmissen werden muss! Es darf nur nicht mehr verkauft werden. Zucker oder Getreide oder Hülsenfrüchte sind noch monatelang einwandfrei. Bei Frischwaren hilft mir meine Nase zu beurteilen, ob sie noch essbar sind.
Manchmal bedrückt mich der Gedanke, wie wohl die heutigen konsumgewohnten Menschen zurechtkämen – nein – überleben könnten, würden sie plötzlich in eine Notsituation geraten, wo die lebensnotwendigen Dinge knapp oder überhaupt nicht erhältlich sind.
Die älteren Generationen würden sich dann an die Kriegszeiten erinnern und sich vielleicht besser durchschlagen können als die jungen.

Doch genug des düsteren Bildes. Sich über unser Konsumverhalten Gedanken zu machen, ist sicher manchmal angebracht. Aber ich will hier ja nicht destruktive Kritik anbringen, ich will vielmehr etwas Konstruktives leisten, indem ich die Leserin oder den Leser dieser Zeilen aufzurütteln versuche.

Was ich unter »sparsam« in Bezug auf die Küche verstehe?

Mit einfachen Mitteln schmackhaft und ohne viel Arbeitsaufwand kochen. »Sparsam« im Sinne von »wenig kosten« gehört natürlich auch dazu. Aber da ist bei mir das Problem aufgetaucht, dass die Preise der »billigen« Lebensmittel zwischen der Schweiz und Deutschland ganz gewaltig schwanken. In der Schweiz ist vieles wesentlich teurer als in Deutschland, manches dafür wiederum wesentlich billiger. Und zudem – dieses Buch wird hoffentlich lange Zeit zu Rate gezogen werden. Wer weiß denn schon, wie unsere Lebensmittel-Preise in ein paar Jahren aussehen? Also habe ich die Kostenfrage für die Rezepte nur im Hintergrund berücksichtigt. Teuer – nach den heutigen Maßstäben – ist dafür keines.

In meinen drei nachfolgenden Geschichten will ich erzählen, wie ich sparen lernte.

Und jetzt, wo ich all das niederschreibe, wird mir einmal mehr klar, wie sehr ein Mensch durch seine Erziehung und die entsprechenden Lebensumstände geprägt wird. Wenn die eine Leserin oder der andere Leser dadurch Anregungen findet, dann haben meine Worte ihr Ziel erreicht.

Gerra Verzasca, Ende Mai 2001

Jugend

Mir liegt das Sparen im Blut. Das kommt von meiner Herkunft. Meine Vorfahren waren Walser. Die Walser waren ein deutschsprachiger Volksstamm, der im Mittelalter aus dem Wallis in damals unbesiedelte Gegenden von Italien, Graubünden, Tessin und Vorarlberg zogen. »Unbesiedelt« deshalb, weil niemand in jenen Höhen wohnen wollte oder überhaupt zu leben wusste. Denn die Walser hatten eine ganz eigenartige Weise, in fremde Gegenden zu ziehen. Sie gingen immer *über* die Berge, rodeten und besiedelten von oben herab, nie von unten herauf.

Die damaligen Regenten und Bischöfe waren klug genug, die Lebensart der Walser zu respektieren, besetzten sie doch so die wichtigen Übergänge und schutzten sie vor Einfällen fremder Volksstämme.
Dafür waren sie von jeher »freie Walser«, d.h. sie waren nie Leibeigene, hatten eine Art Vorzugsbehandlung, durften unter anderem ihre Gerichte selbst wählen.
Aber welchen Preis bezahlten sie für ihre Freiheit!
Ich versuche zum Beispiel, mir eine Bauernfamilie vorzustellen, die ihr Land an und über der Waldgrenze bebaut, ihr Vieh auf dieser Höhe überwintern und deshalb auch den entsprechenden Heuvorrat haben muss, monatelang eingeschneit ist, nur von ihren Vorräten leben kann, nur mit dem selbst geschlagenen Holz heizen kann, Kleider und Schuhwerk selbst anfertigen muss. Dann bewundere ich diese Tatkraft, die aber nur verbunden mit viel Wissen um alle Dinge des Lebens das Überleben überhaupt ermöglicht.
(Und ein bisschen stolz bin ich auch, dass ich von solchen Vorfahren abstamme!)
Eines dieser Geheimnisse ist es wohl, zu wissen, wie man sparsam leben kann, wie man den Überfluss des Sommers für die Winterzeit haltbar macht, wie man hungrige Mäuler satt bekommt, dabei stundenlange Wege einkalkulierend, auf denen man neben andern Lasten auch noch die Lebensmittel mitnehmen musste (ich denke da an Holzfäller, an Wildheuer).

Ein typisches Beispiel von Walser-Kost ist die Polenta. Mit dem heutigen Kalorienbedarf kann ich aus einem einzigen Kilogramm Polenta sechzehn Personen satt bekommen! Die Reste der gestern gekochten Polenta werden heute zum Frühstück gebraten der hungrigen Tafelrunde vorgesetzt.

Ich habe – obwohl ich weiß, dass Polenta in Deutschland verpönt ist – hier einige Polenta-Rezepte aufgeschrieben. »Unsere« Polenta ist viel grober gemahlener Maisgrieß als derjenige, den man in Deutschland bekommt. Sie ist im schweizerischen Lebensmittelhandel erhältlich unter dem Namen »grobe Bramata«. In Deutschland kann man sie sich beschaffen, wenn man in einem Reformhaus Maiskörner grob mahlen lässt.
(Ich weiß unterdessen auch, weshalb Deutsche – vor allem ältere – den Gedanken, Maisgrieß zu essen, so weit von sich weisen: Nach der Kapitulation erkundigte sich die für Nahrungsnachschub zuständige amerikanische Stelle, was die deutsche Bevölkerung am dringendsten brauche. Die Antwort war »Korn«. Und »corn« ist in Amerika eben Mais und nicht Weizen und nicht Roggen. Wenn man aus Maismehl Brot backt (ich habe es selbst versucht), dann gibt das so eine Art trockenen Ziegelstein. Und wenn man dann nur solches Brot zum Essen bekommt ... Ich begreife also diese Abneigung, betone nur: »unsere« Polenta ist etwas gaaaanz anderes!)

Was Polenta braucht, ist eine tüchtige Portion Fett in Form von Butter, Milch oder Käse. (Milchprodukte waren ja bei den Walsern vorhanden.) Dass Milchkaffee gut dazu schmeckt, lernte man erst anfangs dieses Jahrhunderts. Wie überall in der Küche: Es braucht die Fantasie der Köchin, um aus einfachen Zutaten eine Speise zu zaubern, die nicht nur nährt, sondern auch schmeckt.

Ich wurde 1930 in Arosa geboren. Meine Großeltern hatten schon 1924 ein Hotel gebaut (damals nannte man das bescheiden »eine Pension«). Während sich meine Großmutter um das Wohl der Gäste kümmerte, betrieb mein Großvater und nach ihm mein Vater die herkömmliche Viehwirtschaft. Wir hatten Kühe, ein Pferd, viele Hühner, etliche Schweine. Letztere wurden ernährt mit gekochten Blackten (ein Unkraut, das überall in der Nähe von Miststöcken wächst, eine Art wilder Rhabarber). Die Blackten wurden in großen Kupferkesseln zu einem steifen Mus gekocht, das man monatelang aufbewahren konnte. Während der Sommer- und Wintersaison waren es die Schweine, die für die Verwertung der Speiseabfälle der Gäste zuständig waren. (Wenn ich denke, was für Probleme heute den Kurorten durch die Entsorgung dieser Abfälle entstehen …)

Meine Großmutter regierte Haus und Hof – wie sie es im Bauernbetrieb, in dem sie aufgewachsen war, gewöhnt war – auf Walser Art, d.h. sparsam, und die Ehrfurcht vor allen Lebensmitteln war auch hier Gesetz.
Sie betrieb auch fürs Hotel Vorratswirtschaft. Bohnen wurden gedörrt, Apfelschnitze, Zwetschgen. Konfitüren wurden eingekocht. Sirup aus Holunderblüten und -Beeren, aus Himbeeren, Essig aus zurückgebliebenem Wein (wir hatten auch ein Restaurant).
Milch, Rahm und Butter, Eier, Schweine-, Rinds- und Kalbfleisch waren aus dem eigenen Betrieb vorhanden, wobei die luftgetrockneten Rohschinken, das Bündnerfleisch, die luftgetrockneten Würste ganz im Haus hergestellt wurden.

Und noch bei einem Arbeitszweig wurde gespart, und das bringt heute vielleicht Kopfschütteln: bei den Arbeitswegen! Am besten kann ich das erklären, wenn ich die Struktur unseres Hauses beschreibe: Das Haus war dreiflüglig. Links ein Anbau mit Küche, Speisekammer und Waschküche, im Mitteltrakt ebenerdig Restaurant, Salon (mit Billardtisch und Klavier), ein Büro, in die Erde gegraben ein Wein- und ein Speisekeller mit einem riesigen Kühlschrank, der mit Eisblöcken gekühlt wurde, im ersten Stock der Speisesaal der Hotelgäste und Hotelzimmer, oben Gästezimmer, alle mit Balkon, im Dachstock die Zimmer der Köchin, der Zimmer- und Küchenmädchen, im rechten Flügel ebenerdig das Schlafzimmer meiner Großmutter und die Schlafzimmer des Knechts und des Portiers. Oben wiederum Gästezimmer, alle gegen Süden gelegen und mit Balkon.
Unsere Köchin machte für jede Speise zuerst eine »mise en place«, d.h. sie reihte alle benötigten Zutaten auf. Die Zutaten, die sich im Kühlschrank befanden, konnten so in einem einzigen Gang (etwa 50 m lang und über zwei Treppen) beschafft werden. Natürlich war es für die Küchenmädchen Pflicht, ein Tablett mitzunehmen, genauso wie für die Serviertöchter, die bei jedem Gang darauf zu achten hatten, dass sie leere Flaschen oder Geschirr gleich mitnahmen. Ihr Weg zur Küche war noch viel weiter. Da blieb gar nichts anderes übrig, als sich im Arbeitsweg-Sparen zu üben …

Mir brachten sie das alles auf eine ganz kluge Weise bei: Ich »durfte« überall mithelfen: im Stall, in der Küche, im Restaurant, beim Vorbereiten der Gemüse und Früchte zum Einmachen und Dörren, beim Einsalzen der Schinken, beim Drehen der Wurstmaschine.
Und überall wurde sorgsam umgegangen mit allem, was essbar war. Wehe auch, wenn ein Stück Brot vom Gästetisch dann im Kessel für das Schweinefutter landete!
Eine weitere Art von »Sparen« im heutigen Sinne war die Abfallverwertung. Neben dem Spülbecken stand eine Bank für das schmutzige Geschirr und unter der Bank standen eine Reihe Eimer. Einer für die allgemeinen Speisereste (hauptsächlich für die Schweine, dann für den Hund und die Katzen), einer für die Eierschalen (wurden zerstampft und den Hühnern wieder verfüttert), einer für Abfälle, die auf den Kompost gehörten. Brotresten waren besonders kostbar. Aus ihnen ließen sich verschiedene bei der »Familie« (dazu zählten auch die Angestellten) sehr beliebte Speisen herstellen. »Vogelheu« zum Beispiel oder »Apfelrösti«. Schweizer

Käseaufläufe mit einem Anteil an Brot bekamen auch die Gäste.
Dann war da auch noch der Bedarf an Paniermehl damit zu decken – und manchmal blieb auch noch ein Stück für das Pferd.
Die ganz selten gebrauchten Konservendosen wurden beileibe nicht in den Kehricht geworfen. Die benötigte man zum Aufbewahren von Nägeln, Schnüren und solchen Dingen.

Das Zeitalters des Plastiks hatte noch gar nicht begonnen.

Der Kehrichtmann, der mit seinem pferdebespannten Wagen einmal in der Woche kam, nahm eigentlich bloß Glasscherben mit.
Das war »Sparen, der Umwelt zuliebe«, obwohl damals noch niemand im Geringsten über Umweltverschmutzung sprach. Dieses Wort wurde erst Jahrzehnte später überhaupt erfunden.

Unser Haus stand auf 1900 m über Meer. Einen Garten hatten wir natürlich trotzdem, auch wenn manchmal mitten im Sommer Schnee fiel. Bitte, nicht nur ein paar Flocken, auch zehn oder zwanzig Zentimeter. Aber Schnittlauch wuchs in diesem Garten, Kopfsalat, Lauch gedieh wunderbar – und Erdbeeren.
Weil ich den Werdegang all dieser Lebensmittel kannte, um die Mühe wusste, die notwendig war, um sie zu produzieren, war eben diese Ehrfurcht da, die mich durchs ganze Leben begleitet hat – immer noch begleitet.
Auch bei mir darf nichts, was noch essbar ist, weggeworfen werden. Und wenn es nicht Menschen sind, dann sollen wenigstens Hunde, Katzen, Federvieh oder Esel die Reste bekommen. Erst was auch dann nicht mehr verwertbar ist, kommt – nein, nicht in den Kehricht – auf den Komposthaufen.

Vielleicht kommt daher auch mein Starrsinn (so nennen es gewisse meiner Hausbewohner), dass ich immer noch

meinen eigenen Garten bebauen will, obwohl mir das körperlich immer schwerer fällt. (»Wieso wollen wir uns denn abmühen, wenn man beim Gärtner, auf dem Markt, dasselbe kaufen kann? Wenn man unsere Arbeitszeit berechnet, wird unser eigenes Gemüse viel teurer als das gekaufte...«)

Nur: wenn ich dann eine Tomate pflücke, die an meiner Gartenmauer sonnenreif geworden ist, hineinbeiße ins warme Fleisch, dann tröste ich mich wieder über all diese Vorhaltungen hinweg. Zudem weiß ich bei dieser Tomate, dass sie weder mit Kunstdünger noch mit Schädlingsbekämpfungsmittel in Berührung gekommen ist.

Traurig macht mich nur der Gedanke, dass der Garten, den ich eigenhändig gerodet habe (das Walserblut eben!), wohl kein Garten (hoffentlich wenigstens keine Unkrautwüste!) mehr sein wird, wenn ich nicht mehr dafür sorgen und – wenn es denn sein muss – sogar dafür kämpfen kann ...
Letzthin habe ich darüber mit meiner Nachbarin Emilia gesprochen. Denn irgendwie sitzen wir im gleichen Boot: Sie ist jetzt über fünfundachtzig Jahre alt, ihr Bruder Olimpio bald achtzig. Sie betreut zusammen mit ihrer Schwester Teresina den Garten, die Hühner, das Schwein, Olimpio hält immer noch etwa dreißig Ziegen, die im Sommer auf der Alp, im Winter in einem Stall hoch über meinem Haus sind. Alles Wege, die man nur zu Fuß machen kann, manchmal mehrere Male täglich.

Wer wird solche Arbeiten auf sich nehmen, wenn sie sie nicht mehr tun können?
Niemand ...
»Ach, darüber mache ich mir überhaupt keine Gedanken«, sagte Emilia. »Ich sehe es ja dann nicht mehr ...«

Sind Tessiner gescheiter als Walser?

Aber jetzt bin ich ganz weit abgeschweift vom Spar-Thema und kehre deshalb jetzt sofort wieder dahin zurück! Allerdings, so muss ich gleich anmerken, auch hier sind etliche Umwege nötig, um wieder zum Thema »Sparen« zu gelangen.

Krieg

Wir hatten stets viele Gäste aus Süddeutschland. Am besten erinnere ich mich an Herrn und Frau Kugel, das Bäckerehepaar aus Stuttgart-Sillenbuch. Sie hatten keine Kinder. Und sie hatten an mir den Narren gefressen. Einmal brachte mir Herr Kugel eine wunderschöne Puppe: den abessinischen Negus in Staatsuniform. Wie jubelte ich da.

Aber irgendwann stellte ich fest, dass die Gespräche der Erwachsenen immer ernster wurden. Worte wie »Konzentrationslager« tauchten auf. »Devisen« mussten geschmuggelt werden, damit die Gäste ihre Hotelrechnung bezahlen konnten. Ich erinnere mich, dass meine Mutter Herrn Kugels Mantelsaum auftrennte, der ringsum mit Banknoten gepolstert war.

Da war zum Beispiel ein Wesen namens »Hitler«, offenbar ein Mann, der für mich unverständliche Reden hielt, die aus unserem Radio dröhnten, das die Form eines gotischen Kathedralfensters hatte.

Dann tauchten Worte wie »Rationierung« und »Hamstern« auf. Ausdrücke, die ich genau erklärt haben wollte. Der Ernst, mit dem alle ausgesprochen wurden, ängstigte mich. Papa nahm sich die Zeit, mir das alles zu erklären. So wie man das eben einem achtjährigen Kind überhaupt erklären kann.

Beklemmung überkam mich, wenn am Stammtisch über die Erlebnisse während des Ersten Weltkrieges gesprochen wurde. Plötzlich war meine heile Welt von Wolken überschattet, die meine Seele bedrückten.

Da waren zwar auch viele Lichtblicke. Zum Beispiel mein kleiner Bruder, der das allernetteste Kind war, das ich in meinem ganzen Leben je kennen gelernt habe. Da waren auch immer noch die Kälbchen, die ich tränken durfte, die Eisbahn, auf der ich tanzte ... Aber irgendwo im Hintergrund war immer die Wolke. Zum Glück war mein Vater da, der mir meine Beklemmung anmerkte und mit unendlicher Geduld bereit war, das, was ich nicht verstand, zu erklären.

(Und wer sich für das wunderbare Verhältnis interessiert, das ich zu meinem Vater hatte, dem sei das Buch »Als die Großmutter noch jung war« empfohlen. Da sind meine Erlebnisse in den Jahren vor dem Krieg genau geschildert.)

»Krieg!«
»Papa, was ist ›Krieg‹?«

Da waren solche, die behaupteten, der Hitler würde unser kleines Land in ein paar Tagen überrollt haben. Wir wussten sogar, wer – wenn »der Hitler« nun käme – bei uns im Dorf »Gauleiter« werden würde.

»Papa, was ist ein ›Gauleiter‹?«

Da waren aber auch die Optimisten, die prophezeiten, ›der Hitler‹ würde uns in Ruhe lassen, ›weil er wisse, dass er sich an unserem Wehrwillen und vor allem an unseren Bergen die Zähne ausbeißen würde‹.

»Papa, warum beißt sich der Hitler an unseren Bergen die Zähne aus? Berge kann man doch nicht essen.«

In meiner Klasse war ein Junge, den ich sehr gern mochte. Sein Vater war seinerzeit als Tuberkulöser nach Arosa zur Kur gekommen. Er hatte eine Aroserin geheiratet, selbst aber immer seine deutsche Staatsbürgerschaft behalten. Eines Tages musste dieser Vater nach Deutschland. In den Krieg. (Er kam nie zurück, wurde – viel später natürlich – für verschollen erklärt.)

»Gell Papa, du musst nie in den Krieg. Was würden wir ohne dich machen?«

»Nein, ich darf bei euch bleiben, weil ich ›dienstuntauglich‹ bin. Aber der Anton (unser Portier) und der Sami (unser Knecht), da kann es schon sein, dass sie eingezogen werden.«

»Heißt ›eingezogen‹, dass sie in den Krieg müssen?«

»Hoffentlich nicht. Aber sie müssen dann die Grenzen beschützen, dass der Hitler nicht hineinkommen kann.«

»Der Hitler« war für mich kein Mensch. Das war irgend ein brüllendes Ungeheuer mit einer Männerstimme, mit spitzen Zähnen (die er sich dann eben an unseren Bergen brechen würde).

Auch jetzt, währenddem ich das schreibe, überkommt mich wieder jenes dumpfe, bedrohliche Gefühl. Jene Wolke ist wieder da, die die Sonne meiner Kindheit verdüsterte.

Im September 1939 war ich zu Besuch bei Verwandten in Chur. Jenen Tag werde ich nie vergessen. Zum Mittagessen gab es ein neuartiges Gemüse, das ›Zucchetti‹ (= Zucchini) hieß. Es sah aus und schmeckte auch ähnlich wie Gurken. Nur viel besser. (Die Neugier auf fremdartige Lebensmittel war schon damals in mir wach.) Ich kann aber nie Zucchini essen, ohne an jenes erste Mal zu denken:

Ich glaube es war um 13.00 Uhr mittags, als plötzlich alle Glocken von Chur läuteten. Sie läuteten mindestens eine Viertelstunde lang und alle wussten, was das bedeutete. Nur ich nicht. Da war nämlich wieder so ein Wort. Nur dass Papa nun nicht da war, den ich fragen konnte: »Mobilisation«.

Der Onkel (er arbeitete in der Churer Molkerei) hatte seinen nach Dienstvorschrift gepackten, fellbezogenen Tornister schon seit etlichen Tagen im Gang stehen, das Gewehr daneben. Nun ging er schweigend ins Schlafzimmer, kam bald in der Uniform wieder heraus, verabschiedete sich von uns allen. Er musste mit dem nächsten Zug an irgendeinen Platz fahren, wo sich seine Kompanie oder sein Bataillon zu versammeln hatte.

»Hoffentlich kommst du bald wieder heim«, schluchzte meine Tante.

»Hoffentlich, wer weiß ...«

Wie die Arbeit in der Molkerei damals organisiert war, wie die Arbeiten in unzähligen Bauernhöfen und Betrieben organisiert waren, wenn die Männer plötzlich nicht mehr da waren, das konnte das Kind Kathrin nicht wissen. Aber die Wolke, die wurde immer düsterer.

Was mir aber schnell begreiflich wurde, das war das Wort »Rationierung«. Und damit sind wir wieder beim Sparen. Der Krieg war die zweite Ursache, dass ich sparen lernte.

Genau weiß ich nicht mehr, wann die Rationierung eingeführt wurde. Ich erinnere mich aber noch genau an

die Vorschrift, einen »Notvorrat« anzulegen. Vielleicht trügt mich mein Gedächtnis in Bezug auf die Quantitäten. Aber ich meine, es sei Pflicht gewesen, pro Person drei Kilogramm Mehl, drei Kilogramm Reis, drei Kilogramm Polenta, drei Kilogramm Zucker und drei Liter Öl im Haus zu haben. Komisch, ob auch Kaffee dabei war, weiß ich nicht mehr.
Der Grund für diese Vorschrift leuchtete auch mir ein: Wenn alle so viel Vorrat zu Hause hatten, wurden die Lagerhäuser frei, um noch mehr Vorrat anzulegen.
»Gott mag es verhüten, aber was machen wir, wenn wir ringsum von Krieg führenden Staaten eingeschlossen sind?«

Etwas hatte ich in der Schule schon gelernt: »Die Schweiz hat – außer dem Wasser – keine Energiequellen«.
Das hieß also: wir hatten kein Erdöl, kein Benzin, keine Kohle, auch keine Metalle. In Bezug auf viele Lebensmittel waren wir auf Importe angewiesen. Und jetzt waren wir ein- und abgeschlossen. Anfangs waren ja die Grenzen nach Frankreich und Italien noch offen. Aber diese Länder mussten für sich selber sorgen, hatten kaum etwas zum Exportieren. Und dann kam der Moment, wo wir ringsum eingeschlossen waren von Krieg führenden Ländern.
Glücklicherweise hatten wir damals einen Bundesrat für die Inneren Angelegenheiten, der vorausschauend die genau richtigen Maßnahmen ergriffen hatte. Ich weiß nicht, ob ihm je ein Denkmal gesetzt wurde. Hätte ich da etwas zu bestimmen, er bekäme eines. Es müsste ein Korb sein mit Getreideähren, mit Kartoffeln, Gemüse, Früchten, das ihm ein Kind überreicht. Der Bundesrat hieß »Wahlen« und sein »Plan Wahlen« war genau das Richtige zu jener Zeit:
Alle Parkanlagen, alle Sportplätze, jedes irgendwie bepflanzbare Fleckchen Erde wurden mit Getreide, Kartoffeln und Gemüse bepflanzt. Rosen, seltene Gehölze wurden rücksichtslos beseitigt. Überleben war jetzt wichtig. Überleben, das nur möglich war aus eigener Kraft.

Das ganze Unternehmen hatte auch einen bezeichnenden Namen: »Anbauschlacht«.
Dieser Taktik ist es zu verdanken, dass Kartoffeln während der ganzen Kriegsjahre nicht rationiert und auch die meisten Gemüse in den entsprechenden Jahreszeiten erhältlich waren. Aber sonst, ja, da war eben »Rationierung«. Man musste im Geschäft nicht nur Geld hinlegen, nein, auch die entsprechenden Marken. »Märkli« sagten wir in gut schweizerischer Manier. Marken für Brot, für Fleisch, für Mehl, für Butter, Zucker, Eier, Wolle, Schuhe. Die Marken waren aufgedruckt auf einer in der Mitte gefalteten Karte. Auf der Karte stand der Name des Inhabers. Und wie auf einer Briefmarke das entsprechende Porto, so stand auf den einzelnen Marken z.B. »1 Ei« oder »250 g Zucker« oder »50 g Wolle« usw.
Für Kinder und Schwerarbeiter gab es Zusatzkarten.
Die Marken wurden jeden Monat bei der Gemeindekanzlei neu ausgegeben und hatten jedesmal eine andere Farbe. Die Marken vom Vormonat waren nur bis zum 5. des folgenden Monats gültig. Dann wurde alles übrige noch »eingelöst«.
(Ich weiß noch genau, wir hatten immer nur Marken für getrocknete Hülsenfrüchte übrig. Natürlich wurden dann jedesmal Hülsenfrüchte gekauft und gelagert und gelagert. Überalterte Hülsenfrüchte haben eine entsetzlich lange Kochzeit.)
Nicht auszudenken das Chaos, das in einer Schlange im Supermarkt entstünde, müsste man heute zusätzlich zum Geld auch noch die entsprechenden Rationierungsmarken abgeben ...
Der Verkauf von nicht benötigten Lebensmittelmarken war streng verboten. Ich frage mich, wie es jene Familien bewerkstelligten, die dann nicht genug Geld hatten, um eventuell noch vorhandene Marken einzulösen. Solche gab es viele. Die Männer waren ja zum größten Teil im Militärdienst. Die Frauen zogen allein den Karren. Oft sehr bildlich gemeint, denn nicht nur die Männer, auch die Pferde waren eingezogen worden.
Seltsam, ich mag mich nicht erinnern, dass darüber viel gejammert wurde.

Die Lebensmittel wurden immer knapper. 1 Ei bekam man pro Person im Monat, 100 g Butter pro Person im Monat.
Bei uns fiel dieser Mangel nicht so auf, wir waren da ja Selbstversorger. Dafür war das Hin und Her für die (ebenfalls rationierten) Futtermittel. Hühnerkörner gab es gegen Eiermarken, welche uns die Leute abgeben mussten, die bei uns Eier kauften. Wenn Papa den Honig unserer Bienen verkaufte, mussten ihm die Leute Zuckermarken dafür abgeben. Diesen Zucker brauchte er, um seine Bienen damit zu füttern.

Die wenigen Gäste mussten pro Mahlzeit »Mahlzeitencoupons« abliefern, die dann ebenfalls auf komplizierte Weise wieder in andere Lebens- und Futtermittelmärkli umgetauscht werden konnten.
Dann gab es noch zwei erwähnenswerte Verordnungen zum Sparen:
Die Bäcker durften das Brot erst verkaufen, wenn es 24 Stunden alt war. Eine kluge Verordnung. Ich denke jedesmal daran, wenn es in meinem Haus frisch gebackenes Brot gibt und meine jeweiligen Hausgenossinnen und -Genossen mindestens die doppelte Portion Brot vertilgen.
Dienstag und Freitag wurden zu »fleischlosen Tagen«. In keinem Restaurant durfte Fleisch angeboten, in keinem Haushalt Fleisch gekocht werden. Es gab Kontrollbeamtinnen, die zur Mittagszeit an jeder Haus- und Wohnungstüre klingelten und die Aufgabe hatten, in die Kochtöpfe zu schauen. Die Bußen für Zuwiderhandelnde müssen saftig gewesen sein. Nur – solche gab es kaum. Man war einsichtig genug, dass diese Vorschriften da waren, damit unsere Lebensmittelversorgung irgendwie erhalten blieb.

Überhaupt: die Einigkeit die damals herrschte – der absolute Wille, durchzuhalten, in Gottes Namen eben die Verordnungen der Behörden zu befolgen – ob die heute in einer ähnlichen Situation vorhanden wäre?

1940 kam auch ein Kochbuch auf den Markt. Es hieß »Die Küche in Kriegszeiten« von Eveline Amstutz. Das Buch ist eine Fundgrube für Sparrezepte. Nicht nur wegen des Sparens. Auch wegen der Schmackhaftigkeit der Speisen. Es schaut auch ansprechend aus: der Faksimile-Druck eines blau-weiß karierten Küchentuches. In der Mitte eine rote Etikette mit dem Titel.

Die erste Auflage wurde also 1940 in 4000 Exemplaren gedruckt. 1941 folgte eine zweite Auflage von 5000 Exemplaren. Diese steht auch in meiner Kochbuch-Bibliothek. Das Vorwort (es wird »Geleitwort« genannt) scheint mir bemerkenswert. Nicht nur wegen des Inhalts, auch wegen seiner Sprache. Sie klingt geziert, verstaubt, wie aus einer fernen Zeit. Gleichzeitig passen die dort ausgesprochenen Überlegungen aber haargenau zum Thema »Sparen in der Küche«. Hier ist es:

»Die erste Auflage dieses Kochbuches hat sowohl beim ›kochenden Publikum‹ wie bei der sachverständigen Presse eine zustimmende Beurteilung und eine wohlwollende Aufnahme gefunden. Darum meinen wir, es wäre angezeigt, nachdem die erste Auflage vollständig vergriffen ist, eine vollkommen neu durchgesehene und auf den heutigen Stand gebrachte zweite Auflage herauszubringen.

Ihr Ziel ist, der vielbeschäftigten Hausfrau, die nur über ein bescheidenes Budget verfügt, mit sparsamen Rezepten in dieser schweren Zeit beizustehen, ihr zu zeigen, wie sie das, was sie bekommen kann, auf das beste nützt.

Zur Zeit der Neuauflage unseres Buches sind die Rationen – wenn auch unter dem seitherigen Durchschnittsverbrauch – doch für jede Familie noch durchaus genügend. Auch gibt es noch eine ganze Menge unrationierter und guter Lebensmittel zu kaufen.

Dies zu beachten bitten wir alle Kritiker, die vielleicht der Ansicht sind, die Rezepte wären nicht sparsam genug, und unser Buch wäre kein richtiges ›Kriegs-Koch-Buch‹.

Sollte wirklich die Zeit kommen, da wir sozusagen nichts mehr zum Kochen haben, dann ist auch jedes Kochbuch überflüssig ...

Heute handelt es sich darum, aus dem, was zu haben ist, das ›Beste und Meiste‹ herauszuholen, gute Ersatzstoffe zu verwenden und die Familie mit den geringst möglichen Kosten zweckmäßig und genügend zu ernähren.

Kein einziges Rezept dieses Buches verlangt mehr als 60 Gramm Fett; sehr viele kommen mit viel weniger aus. Auch mit Zucker – als einem kostbaren Stoff – wird gespart. Und es gibt eine große Auswahl fleischloser Gerichte. Aber es kann nun einmal niemand eine Omelette ohne Eier machen. Und auch niemand kann kochen ohne Rohmaterial. Aus nichts kann nie anderes als nichts werden ...

›Wissen‹ hilft auch in diesem Falle! Und was die Wissenschaft über den Wert unserer Nahrungsmittel sagt, das kann – und sollte – heute jeder Hausfrau bekannt sein. So sollte sie zum Beispiel wissen, dass manche ganz billigen Nahrungsmittel, auch einige Konserven gehören dazu, mehr Kalorien enthalten als andere, die vielleicht doppelt so viel kosten. Sie sollte wissen, dass manche Nahrungsmittel reich sind an den so genannten ›Vitaminen‹, das heißt an Stoffen, die für das Wachstum der Kinder und für die Abwehr gegen Krankheiten unerlässlich sind.

›Reich an Kalorien‹ dagegen bedeutet, dass die betreffenden Nahrungsmittel, ganz einfach ausgedrückt, bei der Verbrennung durch den Verdauungsprozess ›Kraft und Wärme‹ spenden.

Mit ein wenig Nachdenken und richtigem Planen ist es nun durchaus möglich, dafür zu sorgen, dass die täglichen Mahlzeiten zum mindesten die acht Hauptbestandteile liefern, die für eine richtige Ernährung nötig sind, nämlich: Eiweiß, Kalzium, Phosphor, Eisen, Jod, Fett, Zucker und Stärke. Wer hier ein bisschen Bescheid weiß, kann mit geringeren Kosten wirtschaften, als wer sich nicht um die Ergebnisse der Wissenschaft kümmert.

Vor allen Dingen sollten die Mahlzeiten auf die Bedürfnisse der Kinder abgestellt sein. Was Kindern zuträglich ist, das bekommt auch den Erwachsenen ganz gut – aber durchaus nicht immer umgekehrt! Hier lässt sich verhältnismäßig leicht sparen.
Ferner ist zu beachten: Auch das einfachste Mahl sollte schmackhaft sein und durch sein ›Aussehen‹ den Appetit reizen.
Abwechslung ist ein weiterer Punkt, den man nicht vergessen darf. Niemand liebt es, tagtäglich dasselbe Essen vorgesetzt zu bekommen, nur weil es billig ist. Und schließlich ist auch die Kunst der Zubereitung kleiner, netter und schmackhafter Speisen aus Resten eine nützliche Hilfe in diesen schweren Zeiten.
Wenn weniger Geld zur Verfügung steht, muss man sich mit mehr Überlegung und Fleiß zu helfen wissen, und man lernt es, die guten Ideen zu schätzen.

E.A.«

Den Verlag Amstutz und Herdeg in Zürich und Leipzig kann ich leider nicht mehr finden. So wenig wie die Frau Eveline Amstutz. Aber ich bin der Ansicht, sie haben es beide verdient, hier erwähnt zu werden.
Ja, und natürlich sind einige der Rezepte hier ebenfalls enthalten. Die dort angegebenen Fettmengen habe ich teilweise etwas erhöht. Ich weiß unterdessen, dass es viele – vor allem junge – Hausfrauen gibt, die die Rezepte sozusagen grammgetreu nachkochen. Meiner Meinung nach ist es besser, eine etwas zu große Fettmenge anzugeben. Was nützt alles Sparen-Wollen, wenn die Speise dann anbrennt?

(Ob man irgend eines meiner Kochbücher oder den Verlag, in dem dieses Buch nun erscheint, in sechzig Jahren – in welchem Zusammenhang auch immer – wohl auch zitieren wird?? Ein Rätsel, dessen Lösung ich vielleicht erfahre, wenn ich längst auf Wolke sieben wohne …)

Wenn ich mich nun an diese ersten Kriegsjahre erinnere: Sie haben viele neue Erfahrungen gebracht. Schokolade gab es keine mehr, dafür einen Ersatz aus getrockneten Feigen. Kaffee gab es keinen mehr, dafür einen Ersatz aus geröstetem Obst (Okaffee hieß das, ich sehe die Dose noch vor mir). Der Umgang mit den Rationierungsmarken war umständlich, aber daran gewöhnte man sich. Hunger leiden mussten wir ja nicht. Da war es dann schon sehr viel beängstigender, was wir den Radionachrichten entnahmen.
Jeden Tag wurden sie noch schlimmer. Wir hörten natürlich den deutschen Sender:
»Das Oberkommando der Wehrmacht teilt mit …«
Die Besucher des Restaurants verstummten, sobald die Zeit der Nachrichten kam. Sie hatten auch kaum mehr ein anderes Gesprächsthema als den Krieg. Wo die Männer unseres Dorfes an der Grenze standen, wussten wir nicht. Sie durften wohl heimschreiben, ihren Standort aber nicht angeben.
Ich war – da unser Haus kein privates Wohnzimmer hatte – gezwungen, meine Schulaufgaben im Restaurant zu machen und natürlich allen diesen Gesprächen zuzuhören.
Die schwarze Wolke wurde immer dichter.

Und irgendwann hat diese Wolke den Glanz meiner Kinderjahre vollkommen zugedeckt.
Nein, da war nicht der Krieg in Deutschland oder Polen schuld. Da war der Krieg in unserem Haus schuld.
Es steht mir nicht zu, zu beurteilen, weshalb dieser fürchterliche Krieg ausbrach. Wo er seinen Ursprung hatte, ist mir klar:
Mein Vater war das jüngste von vier Kindern. Der einzige Sohn. Logischerweise als Nesthäkchen der Liebling meiner Großmutter.
Als mein Großvater starb, wurde beschlossen, dass meine Großmutter und mein Vater als Verwalter der Erbengemeinschaft Hotel und Hof weiterführten. Meine Mutter arbeitete im Büro, in der Küche, im Speisesaal mit – überall dort, wo Not am Mann (oder besser:

an der Frau) war. Sie erhielt dafür einen Monatslohn von Fr. 100.-, mit dem sie auch noch für die Kleider für meinen Bruder und mich aufkommen musste.
Sie durfte wohl mitarbeiten, das Kommando hatte aber meine Großmutter. Mein Vater war viel zu gutmütig, um sich darum zu kümmern oder sich gar zu wehren.
Nach zweiundzwanzig Jahren Ehe hatte meine Mutter dann genug. Was genau die Ursache war, dass der Krug nun überlief, weiß ich nicht. Das einzige was ich weiß ist, dass nur noch gestritten wurde, dass hässliche Worte gebraucht wurden, Vorwürfe, Anschuldigungen. Und ich stand dazwischen. Wenn Mama allein mit mir war, schimpfte sie über Papa und Nana. Wenn Nana allein war, schimpfte sie über Papa und Mama (über Papa, weil er ihr nicht genug beipflichtete). Wenn Papa mit mir allein war, schimpfte er über Mama (weil sie es am nötigen Respekt gegenüber seiner Mutter fehlen ließ). Und ich, ein zehnjähriges Kind, stand da und wusste mir – und noch weniger den Erwachsenen, die mir ihr Leid klagten – überhaupt nicht zu helfen.

Eigentlich hatte ich sie ja alle gern. Papa am liebsten, Mama beinahe so lieb. Und Nana mochte ich auch gut ...

Mein Bruder, er war damals vier Jahre alt, bekam – so glaube ich wenigstens – von der ganzen Streiterei nicht viel mit.

Wie lange dieser fürchterliche Zustand dauerte, weiß ich nicht. Ich weiß nur noch, dass ich mich in dieser Welt nicht mehr zurechtfand.

Und eines Tages sagte mir Mama, dass sie nun eine möblierte Wohnung in der Nähe unseres Hauses gemietet hätte und dass wir drei heute abend ausziehen würden.

Mama besaß keine eigenen Möbel, nichts außer ihren Kleidern. Alles wurde in ein paar Schachteln und Koffer gepackt. Papa spannte unser Pferd vor den Schlitten, wir luden unser Gepäck auf wie abreisende Feriengäste. Einen Milcheimer mit Deckel gab er mir noch mit und bat mich um mein Versprechen, jeden Abend zu ihm zum Stall zu kommen und die Milch bei ihm abzuholen ...

Die Wohnung lag kaum einen Kilometer von unserem Haus entfernt. Ein Trost, dass ich Papa, Fuchs – das Pferd, Fido – den Hund, Möhrli und Fleckli – die Katzen, die Kälbchen so nahe wusste.

Als wir bei der Wohnung anlangten und Papa die Schachteln auslud, gaben sich meine Eltern die Hand – und dann küssten sie sich. Schon keimte ein winzig kleiner Hoffnungsschimmer auf. Würden wir bald wieder heim dürfen? Wenn sie sich doch küssten, war doch nicht alles so schlimm?

Aber – das war der letzte Kuss.

Und der Kampf begann jetzt erst recht. Zum Glück war die Streiterei vor mir beendet. Jetzt hatten die Rechtsanwälte das übernommen. Und was die in unzähligen eingeschriebenen Briefen an Mama schrieben, erfuhr ich nicht. Ich denke, ein gütiger Anwalt hat Mama darauf aufmerksam gemacht, dass sie diese Probleme von mir fern halten sollte.

Mama bekam schließlich eine lächerlich kleine Summe als Unterhaltszahlung zugesprochen. Genau weiß ich nicht mehr, wie viel es war. Aber es war weniger als dreihundert Franken für uns alle drei. Mama hatte überhaupt kein eigenes Vermögen – und jetzt wurde ihr angelastet, dass sie Papa »mutwillig« verlassen hatte.

Wie sie es fertig brachte, uns mit dieser winzigen Summe durchzubringen, grenzt für mich an ein Wunder. Ein Spar-Wunder.

Zum Glück hatte mir Papa schon gute Kenntnisse über Wildpflanzen, die man essen kann, beigebracht. Ihm verdanke ich, dass ich praktisch alle dort wachsenden essbaren Pilze kennen lernte. Dieses Wissen kam mir jetzt zugute. Es kam oft vor, dass ich auf dem Weg von der Schule nach Hause die Pilze fand, die Mama dann zum Mittagessen kochte. Dass wir Marmelade kochten aus Heidelbeeren, Himbeeren, Preiselbeeren, Pilze in Öl einlegten und trockneten, das war selbstverständlich.

Wenn die Eier- und Butterrationen, die wir monatlich zugeteilt bekamen, zu klein waren, bettelte ich Papa auf meiner täglichen Milchtour manchmal etwas ab (aber nur so, dass meine Großmutter es nicht merkte, sonst schimpfte sie).

In jener Zeit lernte ich auch, wie man in vielen Lebensbereichen, nicht nur beim Kochen, Geld sparen kann: Pullover, die meinem Bruder zu klein waren, wurden aufgetrennt, die Wolle auf Stränge gewickelt, gewaschen und mit Steinen beschwert aufgehängt. Dann war sie wieder glatt und ich konnte aus zwei alten Pullovern einen neuen für mich oder ihn stricken und vielleicht noch ein Paar Socken oder Handschuhe dazu.

Wir gruben auch ein Stückchen Land um, um einen kleinen eigenen Salatgarten zu haben. So gut wie mein erstes selbst gezogenes Radieschen hat mir nachher nie mehr eines geschmeckt.

Dass ich zu jener Zeit oft krank war, ist wohl nicht verwunderlich. Ich war wie ein sonnengewohntes Pflänzchen, das plötzlich an einen schattigen Ort versetzt worden war. Masern, Mumps, Röteln, Scharlach absolvierte ich kurz hintereinander. Und wenn es keine dieser Kinderkrankheiten war, dann waren es Magen- und Darmstörungen.

Was mich dann am meisten ärgerte, war, dass ich der Schule fern bleiben musste. Seit Beginn des Krieges war da nämlich eine mir sehr interessant scheinende Änderung eingetreten: Auch ein Teil der Lehrer war zum Militärdienst eingezogen worden. Die übrig gebliebenen mussten jeweils zwei Klassen gleichzeitig betreuen. In der Klasse, in der ich war, war auch die oberste Klasse derjenigen Schüler, welche die Aufnahmeprüfung in die Sekundarschule nicht bestanden hatten. Was die für ein Lernpensum hatte, interessierte mich viel mehr als dasjenige unserer Klasse. Ich lernte damals jenes Programm wie das unsrige. Das kam mir dann später wieder sehr zugute.

Nur – zugegeben – mit »Sparen« hat diese Geschichte nichts zu tun.

Wohl aber der Entschluss meiner Mutter, Arosa zu verlassen. Mit ihrem winzigen Einkommen schaffte sie es nicht, auch die Steuern zu bezahlen. Sie beschloss deshalb, dass wir in die Innerschweiz umziehen würden. Dort waren die Steuern damals lächerlich gering. Sie hatte auch eine passende Wohnung gefunden.

Der Umzug war auch diesmal leicht zu bewältigen. Wiederum waren es bloß unsere Kleider. Unsere zu klein gewordenen Kleider hatte Mama vor unserer Abreise von Arosa noch an eine Strafanstalt geschickt, die daraus Teppiche webte.

Bei unserem Einzug in der Wohnung in Morschach bei Brunnen lag der neue Teppich in einer dicken Rolle bereits vor. Einen so feinen, dicken, weichen Stubenteppich hatten wir nun. Mein Bruder und ich – wir kamen uns vor wie die größten Krösusse!

Seltsam – irgendwie tröstete mich diese eigentlich unwichtige Tatsache über den Abschied von Arosa hinweg, Abschied von Papa, von den Tieren.

Und dann: der Vierwaldstättersee beeindruckte mich gewaltig. Als wir zum ersten Mal an den See kamen, herrschte ein Föhnsturm. So, wie jener, während dem Wilhelm Tell an der Tellsplatte aus dem Nachen Gesslers gesprungen war.

Inzwischen war ich zwölf Jahre alt geworden. Für mich begann die Zeit der Pubertät. Die zu überwinden, ist schon für Kinder in normalen Verhältnissen nicht ganz leicht. Aber dann zusätzlich noch mit Problemen konfrontiert zu werden, die manchen Erwachsenen zur Verzweiflung bringen: es wäre eine unlösbare Aufgabe gewesen, hätte ich nicht diese Gabe bekommen, mich und meine Gedanken abzuschotten gegen alles, was außen ist. Ich hatte ein Rezept gefunden, um mich aus den Problemen um Mama und Papa hinwegzustehlen: lesen! Ich litt und freute mich mit Johanna Spyris Heidi. Ich tröstete mich damit, dass auch sie manchmal in unzähligen und schier unlösbaren Problemen steckte, aus denen heraus sich schließlich immer wieder ein Weg fand.
Der Wilhelm Tell war mein Held, genauso wie Winnetou und Old Shatterhand.
Die Schule in Morschach war etwas ganz Besonderes: eine so genannte »Gesamtschule«. D.h. es gab einen Lehrer, der gleichzeitig alle acht Klassenstufen unterrichtete und eine Arbeitslehrerin (eine Nonne). Ich war die einzige Sechstklässlerin. Der Einfachheit halber wurde ich den beiden höheren Klassen zugeordnet. Es ist erstaunlich, was Herr Bamert uns alles beibrachte. Er ging auch oft mit uns ins Freie, erklärte uns Pflanzen und Bäume, gab uns Tipps für den Garten. Denn in Morschach hatte jedermann einen Garten, um die immer magerer werdenden Rationen aufzubessern.
Morschach war auch so weit weg von kontrollierenden Autoritäten, dass man – und das mitten im Krieg – manchmal frisches Brot kaufen konnte.
Welches Kind kann heute das Glück ermessen, das einem allein durch den Geruch von frischem Brot erwachsen kann?

Diesen Geruch genieße ich in meinem Haus oft. Nie aber ohne an das frische Brot von Morschach zu denken ...

Der Scheidungsprozess meiner Eltern zog sich dahin. Jahrelang. Ewigkeiten lang.

Irgendwann kam dann das Urteil: Die Unterhaltszahlungen blieben auf einem absoluten Minimum. Und meine Mutter stand vor der Frage, was aus mir würde, wenn ich das letzte Schuljahr absolviert hätte.
Das bekümmerte sie mehr als die Tatsache, dass wir oft wochenlang nur Kartoffeln und Gemüse, manchmal Käse, selten einmal Teigwaren zu essen hatten. Fleisch war zu teuer. Wir jammerten deshalb auch nie. Diese Ernährung war gesund. Und gerade Kartoffeln lassen sich in tausendfachen Variationen zubereiten.
Es gab amtliche Statistiken, wie sehr z.B. die Fälle von Diabetes und Rheuma sich seit der Rationierung vermindert hatten. Das war wohl einer der wenigen Vorteile, die die Mangelzeit brachte.

Mama muss sich mit dem Problem meiner Zukunft sehr beschäftigt haben. Sie hatte auch gute Freunde in Basel (ehemalige Hotelgäste), die sich ihrer annahmen.
Irgendwann – das war kurz vor meinem dreizehnten Geburtstag – eröffnete sie mir, dass sie wieder heiraten würde. »Den Onkel Eduard«.
Wir nannten ihn seit Jahren so. War er doch während Jahren immer wieder bei uns in Arosa gewesen. Seine Schwester war sogar die Patin meines Bruders.
Onkel Eduard war Zahnarzt. Da war dann wohl ein finanzielles Polster vorhanden, dass ich eine rechte Ausbildung bekommen würde.
Der Umzug nach Basel war etwas komplizierter. Der wunderbare Fleckenteppich musste eingepackt und mit der Bahn spediert werden. Mache das einmal jemand an einem Ort, wo es kein Benzin für ein Auto gab. Mit dem Pferdewagen von ganz lieben Nachbarn schafften wir auch diese Hürde.
Und dann waren wir also in Basel. An die Hochzeit Mamas mit Onkel Eduard kann ich mich beim besten Willen nicht erinnern. Vieles aber gab es, das war absolut aufregend.
Da war das Haus von Onkel Eduard. Ein schönes Jugendstil-Einfamilienhaus. In der Straße gelegen, an der sich die Basler Synagoge befindet.

Im Parterre war seine Praxis. Ein – ich möchte fast sagen – prunkvolles Treppenhaus führte in die oben gelegenen privaten Räume. Da waren ein Esszimmer (mit einer Klingel unter dem Teppich, womit man dem Dienstmädchen hätte klingeln können, hätte es denn eines gegeben), ein »Herrenzimmer«, ein Wohnzimmer, für meinen Bruder und mich je ein Schlafzimmer. (Letzteres war absoluter Luxus, hatten wir doch in Morschach beide im gleichen Bett schlafen und entsprechend um die Decke kämpfen müssen ...)
Nur: das Heizmaterial war ja rationiert. Und in den kalten Jahreszeiten wurde nur das Wohnzimmer geheizt. Mit einem winzigen Brikettofen.
Aber trotzdem – in Basel erwarteten uns viele Abenteuer: Mein Bruder und ich machten immer ausgedehntere Erkundungstouren in der Stadt. In Basel kann man sich nicht verirren. Irgendwann kommt man immer an den Rhein, sieht das Münster und kann sich orientieren.
Ich weiß noch: Zur Zeit unserer Ankunft war Fasnacht. Meine Mutter band meinem Bruder einen umgekehrten 5-kg-Marmeladekessel um, zog ihm eine blaue Bluse an und eine Perücke aus Stroh. Ich sehe den kleinen Kerl noch vor mir, wie er – auf seinem Kessel trommelnd – als Waggis Richtung Innenstadt marschierte.
Seine Freiheit dauerte nicht mehr lang. Im Frühjahr würde auch er zur Schule müssen.
Schule.
Hier erwuchs für mich ein großes Problem: In den Basler Schulen lernt man vom vierten Schuljahr an Französisch. In Arosa und in der Innerschweiz vom siebten Schuljahr. Mir fehlten also drei Jahre Französischunterricht. (Das sind dann eben die Nachteile des schweizerischen Föderalismus, der jedem Kanton ein eigenes Schulprogramm erlaubt. Aber bitte: sonst wende ich gar nichts ein gegen den Föderalismus!!)
Ich erhielt von den Schulbehörden drei Monate Dispens vom normalen Unterricht, während denen ich täglich eine Privatstunde in französischer Sprache erhielt und eine Menge an Hausaufgaben, die hauptsächlich im Erlernen des französischen Vokabulars bestanden.

Onkel Eduard hatte sich murrend bereit erklärt, für mich die Privatstunden zu bezahlen (täglich fünf Franken!).
(Im Nachhinein betrachtet: er hatte meine Mama bestimmt nur geheiratet, um eine billige Haushälterin zu haben. Er wusste ja, dass sie eine exzellente Köchin war. Das hat ihn in seinem Entschluss wohl noch bestärkt, denn er aß gerne und gerne gut.)
»Mein« privater Französischlehrer war außerordentlich nett. Ich schwärmte für ihn. Die beste Voraussetzung, dass ein dreizehnjähriges Mädchen sich unendlich Mühe gibt, schon dem Lehrer zuliebe.
Nach drei Monaten hatte ich das Pensum von zwei Jahren erarbeitet. Ich wurde – meinem Alter entsprechend – um eine Schulklasse zurückversetzt.
Oh Gott, wie sehr erinnere ich mich noch an jenen ersten Schultag! Ich wurde bestaunt wie ein Wesen von einem fremden Stern. In der Pause stand ich abseits. Niemand sprach mit mir. Und wenn ich der Lehrerin während des Unterrichts, der teilweise auch in Dialekt erfolgte, in meinem Bündner Dialekt Antwort gab, dann ging ein Kichern und Raunen durch die Klasse.
»Puuretschumpel« sagten sie mir. Das kann man etwa mit »Bauerntrottel« übersetzen.
In Französisch hatte ich noch einige Lücken. Auch meine französische Aussprache war etwas anders als diejenige meiner Klassenkameradinnen, die durch ihren Basler Dialekt die Vokale viel heller auszusprechen pflegten. Wieder ein Grund, mich auszulachen.
Ich lachte sie dafür aus im Rechnen. Da hatte ich einen gewaltigen Vorsprung durch die mehrklassige Unterrichtsmethode von Morschach. Das was die Älteren da lernen mussten, hatte ich ja auch mitbekommen. Und in Geographie und Geschichte konnte mir sowieso niemand etwas vormachen. Das hatte ich bei Papa längst alles gelernt.
Nach ein paar Monaten schlug die Lehrerin, die mir gut gesinnt war, vor, mich eine Klasse überspringen zu lassen. Da war ich wieder mit Gleichaltrigen zusammen. Die lachten mich zwar auch wieder aus wegen meines Dialektes. Ich hatte nämlich beschlossen, das Baseldeutsche nie

anzunehmen. Jeder sollte merken, dass ich ein Bauernkind aus Graubünden und nicht ein Stadtkind aus Basel war. (Erst viel später wurde mir klar, dass lange nicht jeder ein so feines Ohr hat, dass er die Unterschiede verschiedener Schweizer Dialekte so wahrnimmt wie ich.)
Inzwischen waren schon vier Kriegsjahre vergangen. Die Lebensmittel wurden noch knapper. Und nun war keine Nachschubmöglichkeit an Eiern und Butter von Papas Hof mehr vorhanden. Nur wenn wir bei ihm in den Ferien waren, kehrten wir beladen mit Eiern, Käse, Bündnerfleisch, Rohschinken und Trockenwürsten heim. Den Hauptteil davon bekam Onkel Eduard.
Der Krieg rückte immer näher. Wir mussten nachts alle Fenster verdunkeln, die Luftschutz-Sirenen heulten. Wir hörten oft auch die Bomber brummen. Am schlimmsten war es, als Freiburg bombardiert wurde. Da zitterten auch bei uns die Fenster.
»Die armen, armen Leute«, sagte Mama.
Es kam sogar die Anordnung, dass wir bei Alarm in den Keller müssten. Das haben wir aber nie getan. Onkel Eduard wünschte das nicht. Er wollte seine Nachtruhe haben.

Eine mit dieser Kriegszeit zusammenhängende Episode, die wieder mit Sparen zu tun hat, ist mir ganz besonders im Gedächtnis geblieben:
Onkel Eduard wünschte sich sehnlich zu Weihnachten »Mailänderli«. Das sind wunderbar mürbe Butter-Weihnachtsplätzchen.
»Aber wie soll ich da die Zutaten zusammenbekommen? Für Mailänderli braucht es viele Eier und ganz viel Butter.«
»Ja, das ist dein Problem.«
Ich schlug vor, Papa zu bitten, uns Butter und Eier zu schicken. Aber Mama fand es zu gefährlich. Was, wenn auf dem Transport ein Ei kaputt ginge. Wenn man merken würde, dass im Paket etwas Rationiertes war, das ohne Rationierungsmarken zu uns geschickt wurde?
Zu jener Zeit bekamen wir pro Person pro Monat ein Ei und einhundert Gramm Butter. Mama rechnete nun

aus, dass sie, wenn sie anfangs Dezember die November- und Dezemberration gleichzeitig einkaufen würde, acht Eier und achthundert Gramm Butter beisammen hätte. Genug, um für den Weihnachtsteller für Onkel Eduard eine schöne Portion Mailänderli zu backen. Vielleicht würde auch für uns etwas abfallen.

Sie backte die Plätzchen. Im ganzen Haus roch es verführerisch. Sie waren beinahe fertig. Da läutete ein Hausierer an der Haustüre. Mama verhandelte längere Zeit mit ihm. Sie wies nie einen Hausierer ab.

»Für solch arme Teufel muss jeder ein Herz haben. Die Sonne scheint auch für sie.«

Nur, als sie wieder in die Küche kam, waren ihre so sehr am Munde – an unser aller Münder – abgesparten Plätzchen verbrannt. Kohlschwarz.

Mama setzte sich auf den Küchenhocker und weinte so, wie ich sie noch nie hatte weinen gesehen …

Eigentlich weinte sie oft. Ihre großen Hoffnungen, die sie in die Ehe mit Onkel Eduard gesetzt hatte, erfüllten sich nicht. Er hatte zwar eine gut gehende Praxis (jüngere Zahnärzte waren keine Konkurrenz, die waren im Militärdienst). Mit Mama war er aber unwahrscheinlich knauserig. Sie bekam Haushaltsgeld, das sie auf Heller und Pfennig abrechnen musste. Und wehe, da fehlte ein Beleg. Oder sie hatte daraus etwas für meinen Bruder oder mich gekauft. Dafür waren die von Papa bezahlten Alimente da (über die sie genauso abrechnen musste).

Irgendwann war auch der Krieg vorbei. Das große Aufatmen kam. Aber die Rationierung dauerte noch lange.
»Ich glaube, ich kann gar nicht mehr anders als sparsam kochen«, sagte Mama scherzend.

Viel zu scherzen hatte sie allerdings nicht. Ihr Ehemartyrium dauerte immer weiter – nein, wurde schlimmer und schlimmer. Dazu kam für sie noch eine große Sorge: Meine Ausbildung!

Was konnte ich lernen, dass ich Onkel Eduard nicht mehr auf der Tasche liegen musste, weil wir alle das täglich hören mussten. (»Du mit deinem Kinderpack«!)
Ich ging zum Berufsberater. Wenn ich am Auberg vorbeifahre, denke ich immer wieder an jene Stunde.
Ich brachte den armen Mann nämlich zur Verzweiflung. Inzwischen hatte ich in der Schule auch Englisch- und ein Jahr später noch Italienischunterricht nehmen dürfen (das hing von den jeweiligen Noten in Deutsch und Französisch ab).

Er testete mich nun in allen vier Sprachen, im Rechnen, in Staats- und Wirtschaftskunde, ob ich Farbensinn hätte – und wie gut ich zeichnen könne, ob ich manuell geschickt sei – und was weiß ich noch alles. Ja, er prüfte auch, wie viel Kraft in meinen Händen war. Dies, um festzustellen, ob ich geeignet sei, um Maschinenschreiben zu lernen.

Da kam mir endlich die Idee, ihm zu sagen, weshalb ich ihn überhaupt aufgesucht hatte.

»Ich möchte gerne etwas lernen, wo ich so rasch wie möglich für mich selbst sorgen kann. Egal was.«

Ich sah ihm an, wie erleichtert er war.

»Du bist wirklich ein schwieriger Fall. Ich könnte dir zu so vielen Berufen raten. Aber in dem Fall mach mal vorläufig das Handelsdiplom. Wer Handel versteht, kann diese Kenntnisse, vor allem Sprachen und Rechnen, in allen Lebenslagen gebrauchen. – Und wenn dir dann eine bestimmte Richtung gut gefällt, kannst du dich immer noch weiterbilden.«

»Und wie schaffe ich es, dieses Handelsdiplom in allerkürzester Zeit zu erwerben?«

»Indem du eine Privatschule und gleichzeitig Abendkurse dazu besuchst. Ich denke, dein Stiefvater kann dir das problemlos finanzieren.«

Hatte der eine Ahnung!

Auf dem Heimweg überlegte ich verzweifelt alle Möglichkeiten, wer mir da helfen, wie überhaupt das zu bewerkstelligen wäre. Papa konnte ich nicht fragen. Dessen Lebensumstände hatten sich drastisch geändert. Hätte ich ihn um Hilfe gebeten, hätte ich ihn nur traurig gemacht. Papa war immer noch der Mensch, der meinem Herzen am nächsten war.

»Und – was hat er nun gesagt?« Mama saß strickend am Fenster (sie strickte eigentlich während jeder freien Minute).

»Wenn ich eine private Handelsschule und gleichzeitig Abendkurse besuchen könnte, wäre es möglich, dass ich an meinem siebzehnten Geburtstag einen Diplomabschluss hätte und arbeiten könnte.«

»Herrgott, wenn ich doch bloß das Geld hätte, um eine solche Schule finanzieren zu können. Ich weiß, es gäbe keine Gewinn bringendere Investition als diejenige in dich. Vom Haushaltsgeld sparen: das kannst du vergessen. Ich muss ja jeden Rappen belegen. Und überhaupt, so eine Schule muss entsetzlich teuer sein.«

Das hinderte Mama aber nicht daran, am nächsten Morgen zu einer solchen Privatschule zu gehen und die entsprechenden Prospekte und Preislisten mitzubringen. Ein bisschen Geld hatte ich auf meinem Sparbuch. Ich wusste auch, dass Papa für mich eine Versicherung abgeschlossen hatte, die aber erst an meinem einundzwanzigsten Geburtstag fällig wurde.

»Jenes Geld kommt aber gar nicht in Frage. Das ist für deine Aussteuer bestimmt.«

Oh Gott. Ich und Aussteuer! Das hieß doch mit anderen Worten: Ich und heiraten. Nach dem was ich »in Sachen Ehe« (man sieht, beim Wort »Ehe« verfalle ich ins Anwalts- und Gerichtsdeutsch...) bis jetzt erfahren hatte, würde ich um dieses Thema herum lieber einen ganz, ganz großen Bogen machen.

Als ich – das war im Frühsommer – aus der Schule heimkam, empfing mich Mama strahlend. Das war ein absolut ungewöhnlicher Anblick. Sonst ging sie verhärmt und verschüchtert durch die Tage. Manchmal hatte sie auch blaue Flecken im Gesicht oder an den Armen ...

Nun strahlte sie:

»Rate mal, was ich heute vormittag gemacht habe?«

»Kann ich das erraten?«

»Zugegeben, das wird sehr schwer sein.«

»Hat es etwas mit deinen Trachten zu tun?«

(Hier muss ich einfügen: Mama war eine stolze Trachtenträgerin. Sie hatte von Onkel Eduard zur Hochzeit nicht nur die Basler Werktags- und Sonntagstracht, auch die Basler Festtagstracht mitsamt dem dazugehörenden Schmuck, bitteschön, erhalten. Ach ja, da muss ich natürlich noch einfügen, dass es die Tracht von Basel Stadt und nicht etwa von Basel Land war. Sie war auch früher eifriges Mitglied der Trachtenvereinigung gewesen.)

Zufälligerweise war ich dahinter gekommen, dass sie diese Trachten verkaufen wollte. Seltsam, sie hatte daran doch immer so viel Freude gehabt. Aber Erwachsene dachten eben manchmal anders als wir Kinder. Nein, ganz war ich nun kein Kind mehr. Im Frühjahr war ich konfirmiert worden und nun stolze fünfzehn Jahre alt. Aber weiter mit der Geschichte mit den Trachten.

»Ja, das hat es. Ich habe sie heute morgen allesamt verkauft. Gegen dreitausend Franken habe ich dafür bekommen. Und nun rate weiter: was habe ich noch gemacht?«

Ich musste passen.

»Keine Ahnung.«

Da umarmte sie mich.

»In der privaten Handelsschule habe ich dich angemeldet. Im September beginnt das neue Semester. Wenn alles klappt, kannst du, wenn du siebzehn Jahre alt bist, deine erste Stelle antreten. Dann musst wenigstens du keine Vorwürfe mehr anhören.«

Mama hat damit ein Opfer für mich gebracht, dessen Größe ich wohl ermessen konnte. Für mich war es eine ungeheure Verpflichtung, in dieser Schule mein Bestes, mein Allerbestes zu geben. Ich musste bestehen. Ich musste ganz gut bestehen, um mich dieses Opfers würdig zu zeigen.

Ich habe es geschafft!

Ich schaffte es sogar, während der sehr strengen Schulzeit noch Geld zu verdienen.

In einer Handelsschule lernt man ja bekanntlich Handel. In meiner Schulklasse hatte es auch eine Kameradin, die kam jeden Tag aus Saint Louis, also aus dem Elsass.

Im Elsass waren die Eier längst nicht mehr rationiert, als wir uns immer noch mit den Märkli herumschlugen. Jacquelines Schulmappe wurde am Zoll nie kontrolliert. So schmuggelte sie denn täglich eine Schachtel mit zehn Eiern, die ich dann mit großem Gewinn an Mama und Mamas Freundinnen verkaufte. Ohne Märkli natürlich.
Schwarz!
Und das so verdiente Geld legte ich auf Heller und Pfennig genau auf Onkel Eduards Frühstückstisch als Abzahlung für die Ausgaben, die ich ihm durch meinen Aufenthalt in seinem Haus verursachte.
Huch, tat das gut, als ich seinen Blick sah damals, als ich ihm erklärte, wofür das Geld neben seinem Frühstücksei (dem geschmuggelten – aber das wusste er natürlich nicht) denn sei.

Und am ersten April 1947 – ich war stolze siebzehn Jahre und einen Monat alt – trat ich meine erste Stelle als Fremdsprachenkorrespondentin bei der damaligen J.R. Geigy A.G. in Basel an.
Die nächsten vier Jahre überspringe ich. Natürlich gab es viele Lichtblicke – aber die Tragik meiner Mama überschattete alles. Sie wurde krank. Musste eigentlich krank werden. Sie litt still. Weniger meinetwegen, denn seitdem ich Onkel Eduard pünktlich mein Kostgeld (mehr als die Hälfte meines Lohns) abgab, ließ er mich in Ruhe. Dafür plagte er meinen Bruder und natürlich Mama umso mehr. Aber all das hat nun mit dem Sparthema bloß insofern zu tun, dass man so unseren weiteren Weg versteht.

* * *

Bruder und Schwester allein

Im Herbst 1950 eröffnete mir Mama, dass sie für uns drei eine Wohnung gemietet hätte (das kam mir irgendwie bekannt vor). Die Wohnung existiere zwar momentan bloß auf dem Papier, würde aber am 1. April des nächsten Jahres beziehbar sein.
In einer Wohngenossenschaft in Riehen bei Basel.
Ein paar Wochen später musste Mama ins Spital – und irgendwann sagte mir der behandelnde Arzt, sie hätte einen schon so weit fortgeschrittenen Darmkrebs, dass eine Heilung aussichtslos sei.
Und dann überstürzten sich die Ereignisse:
Am 1. April zogen wir in die neue Wohnung um. Auch jetzt: unsere Habseligkeiten waren schnell gepackt. Natürlich war der Flickenteppich wieder dabei. Und neu dazu gekommen waren zwei Fahrräder und ein Radio.
Die Umzugsmänner stellten alles in die neue Wohnung. Es roch fein frisch nach Malfarbe und Tapetenleim.
Und die Möbel?
An meinem 21. Geburtstag, vor drei Wochen, war meine Aussteuerversicherung ausbezahlt worden. Fünftausend Franken hatte ich nun zur Verfügung, um unsere Dreizimmerwohnung zu möblieren. Halt, nein, den Teppich (2 x 3 m groß), den hatten wir schon.
»Siehst du, man kann auch eine Aussteuer kaufen, wenn man keine Heiratsabsichten hat.«
Mama war glücklich, von unserem Umzug zu hören. (Wir waren von Onkel Eduard still und heimlich weggezogen, ohne ihm etwas davon zu sagen und ohne uns von ihm zu verabschieden.)
Aber Mama ging es jeden Tag schlechter.
»Bring mir morgen Christian mit, wir müssen etwas besprechen.«
Die Besprechung war ganz kurz. Sie sagte zu ihm:
»Ich will nicht, dass du mich noch weiterhin besuchst. Du sollst mich nicht mehr sehen, wenn ich noch mehr zerfalle. Ich habe sowieso nur noch ein paar Tage zu leben. Aber du musst mir etwas ganz fest in die Hand versprechen:
Ihr müsst zusammenbleiben, bis auch du erwachsen bist und bis du einen Beruf erlernt hast.«
Von mir verlangte sie das gleiche Versprechen, das ich ihr – mit einem ganz dicken Kloß im Hals und tapfer zurückgehaltenen Tränen – gab.
Ich habe es noch nie fertig gebracht, mit meinem Bruder über jene Szene zu sprechen. Natürlich gab auch er ihr die Hand.
»Ich verspreche es dir.«
Er küsste sie scheu und verließ leise das Krankenzimmer. Auch mit seinen damals fünfzehn Jahren muss ihm dieser kurze inhaltsschwere Abschied zu Herzen gegangen sein. Ich weiß auch nicht, wie er damals heimkam in unsere neue Wohnung, in der nun für ihn und für mich je ein Bett, ein Schrank und ein Büropult standen. Das Büropult deshalb, weil wir jedes dann einen Tisch und eine Kommode in einem Möbel vereint hatten. Das war billiger als jedes einzeln zu kaufen.
Für die Küchenmöbel und eine Küchenausstattung reichte mein »Aussteuergeld« auch noch. Und für eine Couch im Wohnzimmer. Sonst waren dort drin vorläufig nur noch der heiß geliebte Teppich und ein Gummibaum.
Am 7. April war Mama tot. Für eine Todesanzeige hatten wir kein Geld. So waren denn nur der Pfarrer, mein Bruder und ich bei der Abdankung. Mama wollte kremiert werden.
Als die Urne beigesetzt wurde, wehte ein lauer Frühlingswind durch mein Haar.
»Mama ist jetzt im Wind«, dachte ich.
Mama ist auch jetzt noch im Wind.
Onkel Eduard zu Ehren sei gesagt: Er schickte seinen Anwalt zu mir. Der fragte mich, ob ich Geld brauche.
»Nein«, sagte ich. »Um von dem Geld anzunehmen, bin ich zu stolz.«
»Dann eben nicht«, erwiderte er patzig, erhob sich und schloss die Wohnungstüre hinter sich.

Und dann begann eine Zeit des Sparens, die ich kaum so gut hinter mich gebracht hätte, hätte ich nicht schon in Arosa und während der Rationierung sparen gelernt.
In der Handelsschule hatte man es uns beigebracht: Bei Finanzproblemen muss man ein Budget machen. Das sah so aus: Ich verdiente (nach vier Jahren Praxis) inklusive Teuerungszulage dreihundertfünfzig Franken. Von Papa bekam ich monatlich einhundert Franken für Christian. Von diesen total vierhundertfünfzig Franken gingen hundertfünfzig weg für die Wohnungsmiete, dann waren da die Krankenkasse (bezahlt in der Schweiz jeder selbst, es gibt keinen Arbeitgeberbeitrag), die Heizung (die Wohnung hatte eine Holz- und Briketttheizung), Strom, Telefon.

Blieben alles in allem gute zweihundert Franken monatlich für Essen, für Kleidung, für vielleicht Zahnarzt (ist und war in der Schweiz nicht in der Krankenkasse enthalten) für zwei Personen übrig. Für die (weiten) Wege zur Arbeit respektive zur Schule hatten wir Fahrräder. Das Essen war unsere Hauptausgabe. Kunststück – nur wer selbst einen Jüngling mit fünfzehn, sechzehn Jahren zu verpflegen hat, weiß, was für Portionen die vertilgen können. Bei uns kam noch das Problem dazu, dass wir beide relativ lange Wege nach Hause hatten. Ich schaffte es beim besten Willen nicht unter 20 Minuten Fahrrad-Strampeln wie ein Rennfahrer.

Etwa zehn Minuten später kam mein Bruder von der Schule. Mit einem Riesenhunger natürlich. Und da seine Mittagspause infolge des weiteren Weges auch kürzer war als meine, fühlte ich mich verpflichtet, das Essen so rasch wie möglich bereitzuhalten.

Kochen mit ganz wenig Geld und mit ganz wenig Arbeitsaufwand. Nochmals: Hätte ich das nicht früher schon gelernt, ich weiß nicht, wie ich es in jener Situation geschafft hätte.

Ein wichtiges Hilfsmittel war der Dampfkochtopf. Da waren Kartoffeln oder Polenta oder Teigwaren im Nu gar. Aber die Kartoffeln, die mussten eben schon geschält bereitliegen. Das war dann Arbeit, die ich meist am Abend vorher erledigte. Desgleichen putzte ich den Salat schon, legte ihn in einem feuchten Tuch in den Kühlschrank, machte die Grund-Salatsauce in einem Messbecher für etliche Portionen auf einmal und fügte nur noch Knoblauch, Zwiebeln, Kräuter jeweils frisch und auf den gerade vorbereiteten Salat ausgerichtet zu. Eine wichtige Hilfe war auch das Haushaltsbuch. Heute

lacht man sicher darüber. Aber damals gab es von einer Handelskette ein Haushaltsbuch mit einzelnen Rubriken für Fleisch, Gemüse, Früchte, Brot, Mehl, Zucker, Schleckereien, Toilettenartikel, Putzmittel usw.
Ich führte – trotz meines gewaltigen Arbeitspensums – dieses Haushaltsbuch gewissenhaft. Es gab mir Aufschluss, in welchen Sparten ich am meisten Geld brauchte und damit die Anregung, in diesen noch mehr zu sparen.
Eine Sparte blieb lange leer: diejenige mit »Vergnügen, Kino, Reisen«. Das gab es nicht. Die Ausgaben für meinen Bruder für sonntägliche Reisen zum Skifahren, die fielen natürlich in die Kategorie »Sport«. Christian war ein begnadeter Skifahrer (musste doch einer sein, wenn er seine ersten Lebensjahre in Arosa verbracht hatte). Allerdings, »Taxi« war außerhalb unseres Budgets.
Die Taxi-Geschichte muss hier erzählt werden:
Christian wurde von seinem Skiclub bestimmt, um an den baselstädtischen Skimeisterschaften teilzunehmen. War einer da gut, hatte er die Chance, sich an den schweizerischen Skimeisterschaften beteiligen zu dürfen.
Die Abfahrt des Busses nach Langenbruck wurde auf 05.00 Uhr ab der Tramhaltestelle Mustermesse festgesetzt. Wir wohnten in Riehen.
»Da kannst du zuerst einmal trainieren, bis du die vier Kilometer bis zur Mustermesse marschiert bist. Mit den Skiern und dem Rucksack auf dem Buckel.«
Christian litt manchmal unter furchtbarem Bronchialasthma. In der Nacht vor seinem Skirennen bekam er einen Anfall. Diese Anfälle versuchten wir jeweils so zu meistern, dass er sich im Bett senkrecht aufsetzte und ich mich hinter ihn kauerte, damit er sich an mich anlehnen und vielleicht auf diese Art ein bisschen schlafen könnte. Diesmal war Ausruhen besonders wichtig, denn morgen früh musste er fit sein.
Ein Hilfsmittel war es auch, ihm einen schnapsgetränkten Lappen auf das wie wild rasende Herz zu legen und Asthmazigaretten zu rauchen.
Was ein Bild mag das gewesen sein, der keuchende Junge, angelehnt an die zusammengekauerte Schwester,

die heiß geliebte Katze auf dem Bett. Und alles eingehüllt von Schnaps- und Kräuterdüften.
Viel geschlafen haben wir so nicht.
Aber morgens um drei Uhr dreißig standen wir auf. Er keuchte so, dass ich mir nun ernsthaft überlegte, ein Taxi zu bestellen. Nur – im Portemonnaie war nicht mehr genug Geld.
Da blieb nichts anderes übrig, als dass ich mit ihm ging, die Skier und den Rucksack trug. Ich würde dann schon sehen, ob er es überhaupt schaffte, bis zur Mustermesse zu laufen.

Er schaffte es – und nicht nur das, er wurde Erster in Langlauf und Abfahrt …
Nachher behauptete er, er sei nur so gut gewesen, weil er zuerst den Fußmarsch hätte machen müssen und weil er mir – wenn ich schon so früh am Morgen mit seinen Skiern bis zur Mustermesse und nachher wieder zurück gelaufen sei – keine Enttäuschung bereiten wollte.

So hatte das »Sparen-Müssen«, weil kein Geld vorhanden war, einmal mehr auch seine guten Seiten.

Und heute?
Ich spare immer noch.
Ich gehe immer noch gleich sorgsam um mit den Lebensmitteln.
Ich spare der Umwelt zuliebe.
Ich spare immer noch bei meinen Arbeitswegen, käme mit meinem großen Arbeitsprogramm wahrscheinlich gar nicht zurecht, wenn ich das nicht könnte. Manchmal versuche ich es auch, die Arbeitswege meiner Mitarbeiter zu verkürzen, ihnen beizubringen, dass man oft bei einem Weg zwei oder drei Dinge erledigen kann. Manche, die junge Beine haben, verstehen mich nicht. Sie verstehen mich wahrscheinlich erst dann, wenn ihnen das Gehen nicht mehr so leicht fällt.

Mein lieber Fernsehkollege Werner foppt mich zwar manchmal wegen meiner Sparwut.

Da muss ich dann immer dagegenhalten, dass ich nicht aus Geiz spare (Geiz ist nämlich etwas ganz anderes als Sparsamkeit). Vieles, was ich durch meine Sparsamkeit übrig habe, kommt solchen zugute, die trotz allem Sparen nichts übrig haben (»die Sonne scheint für alle«). Aber das will er mir – wahrscheinlich um mich nochmals zu foppen – nicht glauben. Nur: meine linke Hand soll nicht wissen, was meine rechte Hand mit dem Gesparten tut. Auch das ist Walser-Weisheit.

Und wenn Werner dann eben steif und fest behauptet, die Schwaben hätten das Sparen von den Schweizern gelernt, dann betrachte ich das als ein großes Kompliment. Ich weiß nämlich, dass viele sparsame Schwaben nicht nur in Bezug auf das Sparen, auch wegen der »rechten und der linken Hand« der gleichen Meinung sind wie ich.
Wer weiß, vielleicht wird er mir beipflichten, wenn er diese Zeilen liest.

* * *

Bündner Bohnen- und Gerstensuppe

100 g	weiße Bohnen
100 g	Rollgerste (Graupen)
3 EL	Butter
1	Lauchstängel, in Streifen geschnitten
2	Karotten, in Rädchen geschnitten
1	Zwiebel, besteckt mit 1 Lorbeerblatt,
1	Gewürznelke
1/2	Sellerieknolle, klein gewürfelt
1/2	kleiner Wirsing, grob zerschnitten
2 l	Wasser
250 g	Speck aus dem Salz
	Knochen eines Rohschinkens (notfalls auch eines gekochten Schinkens)
2	Kartoffeln, klein gewürfelt
2	Paar geräucherte Schweinswürstchen
3	EL Schnittlauch, geschnitten
	eventuell Salz, Pfeffer

Bohnen und Gerste über Nacht einweichen. Die Butter zergehen lassen, die klein geschnittenen Gemüse darin andämpfen, mit dem kalten Wasser ablöschen, den Speck und den Knochen dazugeben. Alles auf kleinem Feuer 2 1/2 bis 3 Std. köcheln, evtl. noch etwas Wasser beigeben. 20 Min. vor Beendigung der Kochzeit die Kartoffeln und die Würstchen beigeben, evtl. nachsalzen. Mit Schnittlauch bestreut servieren.

Bündner Bohnen- und Gerstensuppe

Tomatensuppe

1 l	Gemüsebrühe
300 g	Kartoffeln, gewürfelt
1	Rosmarinzweig
1	Salbeizweig
4	Tomaten, geschält, zerschnitten
2 EL	Olivenöl
2–3 EL	Tomatenpüree
evtl. 100 ml	Rahm, halbsteif geschlagen, oder Joghurt

Die Brühe mit den Kartoffeln und den Kräutern 20 Min. kochen.
Die Tomaten beigeben, weitere 10 Min. kochen. Die Kräuterzweige entfernen.
Das Olivenöl mit dem Tomatenpüree verrühren, ebenfalls beigeben.
Wer will, kann die Suppe mit dem Mixstab pürieren.
Die Suppe in die vorgewärmten Teller verteilen, auf jeden Teller einen Klecks Rahm oder Joghurt geben, diesen mit einer Nadel etwas verziehen.

Tomatensuppe

Peperonisuppe

macht man genau gleich wie die Tomatensuppe, verwendet als Gewürzkraut aber

    1 TL   Oregano oder Thymian, getrocknet

und anstelle von Tomaten

    2   Paprikafrüchte, Stielansatz und Kerngehäuse entfernt, in feine Streifen geschnitten

Dazu serviert man separat

    100 g   Parmesankäse, gerieben

Peperonisuppe

Spinat-, Blattmangold- oder Brennnesselsuppe

2–3 EL	*Butter*
2–3 EL	*Mehl*
1 l	*Gemüsebrühe*
200 g	*Spinat- oder Blattmangoldblätter oder Brennnesselspitzen*
1 Msp.	*Muskat*
	evtl. Salz, Pfeffer
1 EL	*Butter*
2	*Toastbrotscheiben ohne Rinde, in kleine Würfel geschnitten*

Die Butter zergehen lassen, das Mehl darin andämpfen, die (wenn möglich heiße) Brühe dem Rand entlang beigeben. Glatt rühren. Die Blätter dazugeben, 10 Min. köcheln lassen. Alles mit dem Mixstab pürieren, bei Verwendung von Brennnesseln diese besser durch ein Sieb streichen.

Die Butter zergehen lassen, die Brotwürfelchen darin rösten.

Die Suppe in vorgewärmte Teller anrichten, Brotwürfelchen darüber streuen.

Spinatsuppe

Soldaten-Käsesuppe

Soldaten-Käsesuppe

    450 g   Emmentaler Käse, gerieben
    250 g   dunkles Brot, in Würfel geschnitten
    ½ l   Wasser
              Salz, Pfeffer
    2 EL   Butter
    2 EL   Schnittlauch oder Petersilie, gehackt

Käse und Brotwürfel in eine Schüssel geben. Das kochende Wasser darüber gießen. 10 Min. stehen lassen.

Das Wasser abgießen. Den Brei in eine Bratpfanne geben, würzen, die Butter beifügen und den Brot-Käsebrei so lange braten, bis sich das Fett darin verteilt hat. Möglichst heiß, mit dem Kraut bestreut, servieren.

Eventuelle Resten kann man zu Küchlein formen und braten.

Chäs-Chügelisuppe

3	Scheiben dunkles Brot, in Würfel geschnitten
150 ml	Milch
1 EL	Butter
1	kleine Zwiebel
3 EL	Schnittlauch, gehackt
1	Ei
1 EL	Mehl
	Muskat
	Salz, Pfeffer
100 g	Appenzeller Käse, grob gerieben
1 l	Fleisch- oder Gemüsebrühe
3 EL	Schnittlauch oder Petersilie, gehackt

Das Brot in eine Schüssel legen. Die Milch aufkochen, darüber gießen. Die Butter zergehen lassen, Zwiebel und Schnittlauch darin andämpfen. Das eingeweichte Brot ausdrücken, beigeben, mitdämpfen, auskühlen lassen.
Ei, Mehl, Gewürze und Käse dazumengen. Evtl. noch etwas Paniermehl beigeben. Teelöffelweise von der Masse abstechen, mit nassen Händen Kügelchen drehen (die sich auch tiefkühlen lassen).
Die Brühe aufkochen, die Chügeli portionenweise darin ziehen lassen, bis sie an die Oberfläche steigen. Mit dem Schaumlöffel herausheben. Zuletzt alle Chügeli wieder in die Suppe geben. Mit dem Kraut bestreut servieren.

Chäs-Chügelisuppe

Minestrone

2	EL Olivenöl
1	Zwiebel, fein gehackt
1	Knoblauchzehe, gepresst
1	Karotte, in Rädchen geschnitten
1	Lauchstängel, in Streifen geschnitten
¼	Sellerieknolle, in Scheibchen geschnitten
1 Hand voll	grüne Bohnen, in 3 cm lange Stücke geschnitten
2	Tomaten, in Schnitze zerteilt
1 l	Wasser
	Salz, Pfeffer
100 g	Hörnli oder andere feine Teigwaren
1 Bund	Petersilie, fein gehackt
100 g	Parmesankäse, gerieben

Das Öl erhitzen, nach und nach die Gemüse beigeben, alles gut durchdämpfen, mit dem Wasser ablöschen, würzen. ¼ Std. kochen. Die Teigwaren beigeben, nochmals 20 Min. köcheln. Mit der Petersilie bestreut servieren. Den Käse zur Selbstbedienung dazustellen.

Minestrone

Zwiebelsuppe

2 EL	*Olivenöl*
4–6	*Zwiebeln, fein gehackt*
1 l	*Gemüse- oder Hühnerbrühe*
	Pfeffer
2 EL	*Weißwein*
6	*Weißbrotscheiben, diagonal zerteilt*
100 g	*Emmentalerkäse, gerieben*
3 EL	*Petersilie oder Schnittlauch, fein gehackt*

Das Öl erhitzen, die Zwiebeln darin glasig dünsten, mit der Brühe ablöschen, würzen, 10 Min. köcheln lassen. Den Weißwein beigeben.
Die Brotdreiecke ohne Fettzusatz in einer Bratpfanne toasten. In die vorgewärmten Suppenteller verteilen. Den Käse darüber streuen. Die Suppe darüber anrichten und mit dem Kraut bestreut servieren.

Zwiebelsuppe

Appenzeller Haferflockensuppe

Appenzeller Haferflockensuppe

1 EL	Butter
1	Zwiebel, in Ringe geschnitten
6 EL	Haferflocken (wenn möglich grobe)
1 Bund	Petersilie, fein geschnitten
1	Lauchstange, in Streifen geschnitten
800 ml	Brühe
100 ml	Rahm (evtl. mit Milch gemischt oder nur Milch)
100 g	Käse (vorzugsweise Appenzeller Käse), gerieben
1 Bund	Schnittlauch, fein gehackt

Die Butter schmelzen, die Zwiebelringe darin glasig dünsten, dann die Haferflocken beigeben, hellbraun rösten, Petersilie und Lauch anschließend kurz mitdünsten. Mit der Brühe ablöschen, 1/4 Std. köcheln lassen. Den Rahm oder die Milch beigeben. In vorgewärmte Suppenteller anrichten, zuerst den Käse, dann den Schnittlauch darüber streuen.

Waadtländer Suppe

1 EL	Butter
1	Knoblauchzehe, gepresst
2 Scheiben	Brot, klein geschnitten
3 EL	Weißwein
1/2 l	Brühe
1/2 l	Milch
75 g	Grieß
100 ml	Rahm oder Milch und Rahm gemischt
1	Eigelb
100 g	Käse (vorzugsweise Greyerzer Käse), gerieben
	Salz, Pfeffer, Muskat
1 Bund	Schnittlauch, fein gehackt

Die Butter schmelzen, den Knoblauch darin anziehen lassen, die Brotstücke mitrösten, den Wein dazugießen, beiseite stellen.

Die Brühe und die Milch miteinander aufkochen, den Grieß unterrühren, die gerösteten Brotstücke beigeben, alles 3/4 Std. kochen lassen. Dann die Suppe durch ein Sieb streichen oder mit dem Mixstab pürieren. Rahm und Eigelb miteinander vermengen, etwas von der Suppe dazurühren, zurück zur Suppe geben, ebenso den Käse. Weitere 5 Min. köcheln lassen, würzen. Vor dem Servieren mit dem Schnittlauch bestreuen.

Waadtländer Suppe

Veltliner Reis (Riso alla valtellinese)

500 g	weiße Bohnenkerne (Ersatz: Kerne aus der Dose)
2 EL	Butter
1	kleiner Wirsing, in Streifen geschnitten
300 g	italienischer Reis (Arborio)
¾ l	Wasser
	Salz, Pfeffer
1 EL	Butter
	einige Salbeiblätter, grob zerschnitten
100 g	Parmesankäse, gerieben

Die Bohnenkerne über Nacht einweichen. Mit frischem Wasser aufsetzen und weich kochen.

Die Butter schmelzen, die Wirsingstreifen darin andämpfen, den Reis zugeben, kurz mitdämpfen. Mit dem Wasser ablöschen, ca. 18 Min. köcheln lassen, würzen. Die zweite Butterportion schmelzen, die Salbeiblätter darin kurz dämpfen. Bohnenkerne, Salbeiblätter und Parmesankäse unter den Reis mengen. Einen Tomaten- oder Blattsalat dazu servieren.

Veltliner Reis (Riso alla valtellinese)

Tomatenfondue

Dazu braucht man ein Caquelon (Stielpfanne aus feuerfester Keramik oder emailliertem Gusseisen) mit einem Rechaud (Heizquelle, die man in die Mitte des Tisches stellen kann) sowie Fonduegabeln (spitze zweizinkige Gabeln)

1 EL	Butter
6	Tomaten, geschält, entkernt
250 g	Emmentaler Käse
250 g	Greyerzer Käse
1/4 l	trockener Weißwein (Fendant, Gutedel)
	Oregano, Thymian, Pfeffer
1 TL	Maizena oder Mondamin
1 EL	Kirschwasser
	evtl. einige Spritzer Zitronensaft
500 g	Kartoffeln (möglichst junge, kleine)
	in der Schale gekocht

Die Butter im Caquelon schmelzen, die Tomatenstücke darin einige Min. dämpfen, den Käse einrühren, mit dem Wein ablöschen, Kräuter beigeben. Alles aufkochen, dabei mit dem Kochlöffel in Achterform immer rühren. Das Maizena mit dem Kirschwasser verrühren, beigeben, sobald die Masse kocht. Falls sich ein Klumpen bildet, so viel Zitronensaft beigeben, dass eine glatte Masse entsteht (dann war der Wein nämlich nicht sauer genug).
Das Caquelon auf das angezündete Rechaud stellen. Die Kartoffeln in einem Tuch servieren. Jeder Gast bedient sich mit den Kartoffeln, schält sie, steckt sie auf die Fonduegabel und tunkt sie in die kochende Fondue-Masse.

Und wer nun kein entsprechendes Fonduegeschirr und -besteck besitzt: der (oder die) weiß nun, was er (oder sie) sich bei nächster Gelegenheit wünschen soll ...

Tomatenfondue

Saaner Raveg'chöch
(Butterrüben, Bodenkohlrabi)

 1 kg Butterrüben, geschält, gewürfelt
 1 kg Kartoffeln, geschält, gewürfelt
 2 EL Butter
 2 EL Mehl
150 ml Milch
       Salz, Muskat, Nelkenpulver

Rüben und Kartoffeln knapp mit Wasser bedeckt weich kochen. Wasser abschütten (aufbewahren, ist Gemüsebrühe). Das Gemüse pürieren. Die Butter schmelzen, das Mehl darin hellbraun anrösten, mit der Milch ablöschen. Zum Püree geben. Würzen. Vor dem Servieren mit dem Schneebesen luftig schlagen.

Kuttelplätze

750 g gekochte Kutteln (Kaldaunen)
       in handtellergroße Stücke geschnitten
  1   Fenchelknolle, grob zerschnitten
  2   Zwiebeln, in Ringe geschnitten
  2   Karotten, in Rädchen geschnitten
 ½ l   trockener Weißwein
  1 l Wasser
  1   Lorbeerblatt
  1   Nelke
       Salz, Pfeffer

Alle Zutaten miteinander in einen Topf geben und kochen, bis die Kutteln ganz weich sind (ca. ¾ Std.). Im Suppenteller servieren.

Saaner Rave g'chöch

Veltliner Pizzocheri

500 g	Kartoffeln, in Würfel geschnitten
1	Stielmangold, mit dem Grün in Streifen geschnitten oder 1 kleiner Wirsing, in Streifen geschnitten
500 g	Pizzocheri (siehe Kapitel »Beilagen«)
100 g	Butter
2	Knoblauchzehen, gepresst
12	Salbeiblätter, grob zerschnitten
	Salz, Pfeffer
150 g	fetter Käse, in feine Scheiben geschnitten

Kartoffeln und Gemüse in viel Wasser 10 Min. kochen, dann die Pizzocheri beigeben, ca. 10 Min. kochen, das Wasser abschütten (für Suppe verwenden: Gemüsebrühe!).
Die Butter schmelzen, zuerst den Knoblauch, dann auch die Salbeiblätter darin einige Minuten dünsten. In eine ausgebutterte Auflaufform lagenweise Gemüse, Käse, Knoblauch-Salbei-Sauce, Gemüse geben, zuoberst Käsescheiben. Im auf 180°C vorgeheizten Ofen 20 Min. überbacken.

Veltliner Pizzocheri

Ramequin (Käse-Weißwein-Gratin)

»Ramequin«
(Käse-Weißwein-Gratin)

10 Scheiben Toastbrot
    ¼ l   trockener Weißwein
10 Scheiben Greyerzer Käse
    ¼ l   Milch
    2   Eier, zerklopft
        Salz, Pfeffer, Muskat

Die Brotscheiben toasten, mit dem Wein beträufeln. Brot- und Käsescheiben ziegelartig in einer ausgebutterten Auflaufform auslegen. Die Milch mit den Eiern verquirlen, würzen, über die Brotscheiben gießen. Im auf 180°C vorgeheizten Ofen ca. ½ Std. überbacken. Tomaten- und/oder Blattsalat dazu servieren.

Käseauflauf aus dem Waadtland (Gougère)

½ l	Wasser
250 g	Butter
1 TL	Salz
300 g	Mehl
7	Eier
200 g	Greyerzer Käse, gerieben
1	Eigelb
2 EL	Greyerzer Käse, gerieben

Wasser, Butter und Salz aufkochen. Sobald die Butter geschmolzen ist, den Kochtopf vom Feuer nehmen, das Mehl in einem dazugeben. Kräftig rühren, bis ein homogener Teig entstanden ist. Den Kochtopf wieder auf die klein geschaltete Platte stellen, so lange weiterrühren, bis sich der Teig von Topfrand und Kochlöffel löst. Nach und nach die Eier dazugeben. Jedes Ei muss ganz in den Teig gearbeitet werden, bevor man das nächste zugibt. Dann den Käse ebenso unterziehen.

Den Teig esslöffelweise auf ein gefettetes Kuchenblech geben, sodass er eine Krone bildet. Mit dem Eigelb bestreichen und mit der zweiten Käseportion bestreuen. Im auf 210°C vorgeheizten Ofen ca. ½ Std. backen, dabei die Ofentüre mit einem eingeklemmten Kochlöffel etwas offen halten, damit der Dampf austreten kann.

Käseauflauf aus dem Waadtland (Gougère)

Genfer Malakoff

Genfer Malakoff

- 600 g Greyerzer Käse, gerieben
- 3 EL   Mehl
- 3   Eier, zerklopft
- 2   Knoblauchzehen, gepresst
- 50 ml Kirschwasser
-        Cayennepfeffer
- 500 g Brot, in Scheiben geschnitten

Käse, Mehl, Eier, Knoblauch, Kirschwasser und Pfeffer miteinander zu einem Teig verarbeiten. Kuppelartig auf die Brotscheiben häufen. Diese auf ein gefettetes Backblech legen und im auf 200°C vorgeheizten Backofen ca. 10 Min. überbacken. Z.B. Blattspinat oder Zucchinigemüse oder Blattsalat dazu servieren.

Savoyardischer Kartoffel-Käse-Gratin
(Gratin savoyard)

1 kg	Schalenkartoffeln, in Scheiben geschnitten
500 g	Reblochon Käse, die Rinde abgekratzt, in Scheiben geschnitten oder 500 g Brie Käse, in Scheiben geschnitten
3	Knoblauchzehen, in feine Scheiben geschnitten
1 Bund	Petersilie, fein geschnitten
1 Bund	Schnittlauch, fein gehackt
200 ml	Crème fraîche oder Sahne

Kartoffeln, Käse, Knoblauch und Kräuter lagenweise in eine gefettete Auflaufform geben, zuoberst sollten Kartoffeln sein. Im auf 200°C vorgeheizten Ofen 20 Min. backen. Die Crème fraîche darüber geben, nochmals 10 Min. backen.

Tomaten- und/oder Blattsalat dazu servieren.

Savoyardischer Kartoffel-Käse-Gratin

Gratin dauphinois

800 g	Kartoffeln (mehlige Sorte), geschält, geviertelt, in feine Scheiben gehobelt
6 EL	Greyerzer Käse oder anderer gut schmelzender Käse
200 ml	Rahm
300 ml	Milch
1 TL	Salz
	Pfeffer, Muskat
2	Knoblauchzehen, gepresst

Die Hälfte der Kartoffelscheiben in eine ausgebutterte Auflaufform schichten, flach streichen, die Hälfte des Käses darüber streuen, mit der zweiten Kartoffelhälfte bedecken, den Rest des Käses darüber streuen. Die restlichen Zutaten miteinander vermengen, über das Kartoffel-Käsegemisch geben. Im auf 200 °C vorgeheizten Ofen, je nach Alter der Kartoffeln, 50 Min. bis 1 1/4 Std. gratinieren.

Blatt- und/oder Tomatensalat dazu servieren.
(Gratin dauphinois eignet sich auch als Beilage zu Lammbraten. Dann genügen 600 g Kartoffeln).

Gratin dauphinois

Spaghetti Antonio

3 EL	Olivenöl
1	Zwiebel, fein gehackt
2–3	Knoblauchzehen, gepresst
400 g	Tomaten, geschält, in Schnitze zerteilt
1 Dose	Thunfisch (180 g) in Öl, zerkleinert
5	Sardellen aus dem Salz, gehackt
2 EL	Basilikum und/oder Thymian und/oder Salbei
500 g	Spaghetti (wenn möglich Spaghettini, die feineren)
2 EL	Olivenöl
100 g	Parmesankäse, gerieben

Das Öl heiß werden lassen, zuerst die Zwiebeln, dann die Knoblauchzehen etwas anziehen lassen, die Tomaten, den Thunfisch und die Sardellen beigeben, 10 Min. köcheln lassen. Vor dem Anrichten die Kräuter nur noch unterrühren.
Die Spaghetti in viel Salzwasser al dente kochen, Wasser abgießen, das Olivenöl heiß werden lassen, die Teigwaren darin noch schwenken. Die Sauce darüber geben, im Kochtopf alles vermengen. Auf vorgewärmten Suppentellern anrichten. Den Käse zur Selbstbedienung auf den Tisch stellen. Blattsalat dazu servieren.

Spaghetti Antonio

Sellerie-Kartoffelsalat

1 l	Wasser
1 TL	Salz
2	große Sellerieknollen, geschält, geviertelt, in Würfel geschnitten
300 g	Schalenkartoffeln, noch warm geschält, in Scheiben geschnitten
2	säuerliche Äpfel, geschält, geviertelt, Kerngehäuse entfernt, in Scheiben geschnitten
1 EL	Zitronensaft
1	Ei, hart gekocht, geschält, Eidotter zerdrückt, Eiweiß gehackt
1 TL	milder Senf
150 ml	Olivenöl
1 TL	Zitronensaft
	Salz, Pfeffer, Paprikapulver
1 Prise	Zucker
1 EL	Worchestersauce
3 EL	Joghurt
1 Hand voll	Walnusskerne, geviertelt
2	Tomaten, in Schnitze zerteilt
	einige Petersilienzweige

Wasser und Salz aufkochen, die Selleriewürfel darin weich kochen (ca. 20 Min.). Abseihen (Gemüsebrühe für Suppen oder Saucen verwenden). Die Kartoffelscheiben und die mit dem Zitronensaft beträufelten Apfelscheiben beigeben.
Ei, Senf, Olivenöl, Zitronensaft, Gewürz, Zucker, Worchestersauce, Joghurt und Nusskerne miteinander zu einer Sauce verrühren. Über den Salat gießen, untermengen. Mindestens 1/2 Std. ziehen lassen. Mit den Tomatenschnitzen und den Petersilienzweigen dekorieren.
Butter und Bauernbrot dazu reichen.

Sellerie-Kartoffelsalat

Auberginen-Auflauf

ca. 6 EL	Olivenöl
ca. 1 kg	Auberginen, geschält, der Länge nach in dünne Scheiben geschnitten
2 EL	Butter
2 EL	Olivenöl
1	Zwiebel, fein gehackt
1	Knoblauchzehe, gepresst
ca. 500 g	Tomaten, geschält, in Schnitze zerteilt
2 EL	Basilikum, gehackt
	Salz, Pfeffer, Zucker
1	Mozzarella Käse, in Scheiben geschnitten
2	Eier, hart gekocht, in Scheiben geschnitten
50 g	Parmesankäse

Das Olivenöl erhitzen, die Auberginen-Scheiben portionenweise darin braten, in eine ausgebutterte Auflaufform legen.
Öl und Butter heiß werden lassen, Zwiebel und Knoblauch darin dämpfen, die Tomaten beigeben, 1/2 Std. köcheln lassen. Basilikum beigeben, abschmecken.
Die Tomatensauce darüber gießen, alles mit den Käse- und Eierscheiben bedecken, den Käse darüber streuen. Im auf 200°C vorgeheizten Backofen ca. 1/2 Std. backen.
Dunkles Brot und evtl. einen Blattsalat dazu reichen.

Auberginen-Auflauf

Gebackener Curry-Reis

3 EL	Olivenöl
300 g	italienischer Langkornreis (Arborio)
1	Zwiebel, fein gehackt
2	Knoblauchzehen, gequetscht
1 kg	Tomaten, geschält, zerschnitten
2 EL	Tomatenmark
800 ml	Hühnerbrühe
	Salz, Pfeffer
ca. 2 EL	Curry-Pulver
1 Dose	Thunfisch (180 g) zerschnitten oder 500 g gekochter Schinken, in Streifen geschnitten

Das Öl erhitzen, Reis, Zwiebel und Knoblauch darin andämpfen, die übrigen Zutaten beigeben, mitdämpfen. Alles in eine feuerfeste, flache, ausgebutterte Auflaufform geben. Im auf 200°C vorgeheizten Ofen 25 Min. schmoren.

Einen Blattsalat dazu servieren.
Vorsicht: je nach der Qualität des Curry-Pulvers kann das Gericht zu scharf werden. Deshalb Curry in Portionen beigeben und jeweils versuchen.
Wenn man das Gericht auf mehrere Backformen verteilen will, darauf achten, dass überall möglichst gleich viel Flüssigkeit dabei ist.

Buchweizennudeln

450 g	Buchweizenmehl
150 g	Weißmehl
2–3	EL Wasser
	Salz

Alle Zutaten zu einem Teig verarbeiten, diesen zu einer Kugel geformt auf einen Teller legen, mit einer Schüssel zugedeckt 1 Std. im Kühlschrank ruhen lassen. 2–3 mm dick ausrollen, die Teigplatte in ca. 1 cm breite und 5 cm lange Nudeln schneiden. Entweder sofort verwenden oder – mit Mehl bestäubt – tiefkühlen.

Buchweizennudeln

Bündner Polenta

1 l	Wasser
1 TL	Salz
250 g	Polenta (möglichst grob gemahlener Maisgrieß)

Wasser und Salz aufkochen. Den Kochtopf vom Feuer nehmen, die Polenta einrieseln lassen. Gut umrühren. Einen Kochlöffel quer über den Kochtopf legen, mit einem Deckel halb zudecken. Kochtopf wieder aufs Feuer stellen. Die Polenta 3/4 Std. köcheln lassen, gelegentlich umrühren. Die Polenta zum Anrichten oder Weiterverarbeiten aus dem Kochtopf nehmen.

Es hat sich am Kochtopfrand und -boden ein Belag gebildet, den man im Kochtopf belässt. Mit kaltem Wasser auffüllen und über Nacht stehen lassen. Nun kann man den Belag problemlos entfernen.

Polenta passt zu Fleisch mit viel Sauce, zu Käse (geschmolzen als Zwischenlage oder damit überbacken). Polenta kann auch als Schnitten mit oder ohne Eihülle gebraten oder gebacken werden, ebenso kann man Polentaresten wie Rösti braten.

Schweinshaxen

8 Stücke	Schweinshaxen, ca. 2 cm dick Salz, Pfeffer
3 EL	Mehl
2 EL	Butterfett
4	Karotten, in Rädchen geschnitten
1	Zwiebel, grob gehackt
1	Knoblauchzehe, gequetscht
1 TL	Majoran, getrocknet
100 ml	Weißwein
100 ml	Brühe
1	Mozzarella Käse, in Scheiben geschnitten
4 EL	Parmesan Käse, gerieben
3 EL	Butterflöckchen

Das Fleisch würzen, im Mehl drehen. Das Butterfett erhitzen, Karotten, Zwiebel, und Knoblauch darin andämpfen, Majoran beigeben. Alles in die Mitte einer flachen, ausgebutterten Auflaufform geben. Die Schweinshaxen ringsum anordnen. Den Fond mit dem Wein und der Brühe auflösen, über das Fleisch gießen. 1 Std. im auf 180°C vorgeheizten Backofen backen, die Mozzarella-Scheiben darauf legen, den Parmesan und die Butterflöckchen darüber streuen. Nochmals 20 Min. backen.

Polenta oder Kartoffelpüree, Blumenkohl, grüne Bohnen, Spinat oder Salat passen gut dazu.

Bündner Polenta

Tessiner Spezzatino

    3 EL   Olivenöl
500 g   Zwiebeln, grob gehackt
500 g   Karotten, in Rädchen geschnitten
500 g   Schweinsragout
ca. 3/4 l   schwerer, trockener Rotwein
             (z. B. Barbera)
             Salz, Pfeffer
    1   Lorbeerblatt
    1   Nelke

Olivenöl erhitzen, zuerst die Zwiebeln, dann die Karotten, dann das Fleisch beigeben, alles gut durchdämpfen. So viel Wein dazugeben, dass alles knapp damit bedeckt ist, die Gewürze beigeben. 3 Std. lang auf ganz kleiner Flamme köcheln.

Dazu gehören Polenta oder Teigwaren oder Salzkartoffeln und ein Salat.

Rösti

800 g   Schalenkartoffeln (Typ B)
            vom Vortag, grob geraffelt
1 TL   Salz
2 EL   Sonnenblumenöl
2 EL   Butter
2–3 EL   Wasser

Die vorbereiteten Kartoffeln mit dem Salz vermengen. Das Öl erhitzen, die Kartoffeln darin 10 Min. rösten, bis sie ringsum etwas durchgebraten sind. Dann die Kartoffelmasse zu einem kompakten Fladen zusammendrücken. Mit einem Teller zudecken. Auf kleinstem Feuer ca. 10 Min. braten.
Die durch einen Topflappen geschützte rechte Hand auf den Teller legen. Mit der linken Hand die Bratpfanne hochheben, dabei Pfanne und Teller gut zusammendrücken. Umdrehen. Die Rösti liegt jetzt auf dem Teller. In die Bratpfanne die zweite Butterportion geben, diese schmelzen lassen. Den Rösti-Fladen vom Teller zurück in die Pfanne gleiten lassen. Gebratene Seite nach oben. Dem Pfannenrand entlang ringsum etwas Wasser beigeben. Die Rösti wird dadurch feuchter und knuspriger. Wieder mit dem Teller zudecken. Auch die zweite Hälfte auf kleinem Feuer 10 Min. braten. Die fertige Rösti wieder auf den Teller stürzen und servieren.

Rösti ist die ideale Beilage
zu Wurstsalat; zu Gemüse oder Salat; zu Bratwurst, geräucherter Schweinswurst oder Wienerli

oder Unterlage
zu Spiegelei; zu gebratenem Fleischkäse; zu einem Stück Käse, das überbacken wird

Rösti

Ramozerhörnli

6	mittelgroße Kartoffeln, geviertelt
200 g	Hörnli
1	Zwiebel, klein gehackt
100 g	Emmentaler Käse
4 EL	braune Butter

Die Kartoffeln in viel Salzwasser 10 Min. kochen. Die Hörnli beigeben, weich kochen. Das Wasser abschütten, das Kartoffel-Teigwarengemisch in einer vorgewärmten Schüssel anrichten. Die (rohen!) Zwiebelstücke darauf verteilen, den Käse darüber streuen und alles mit der braunen Butter bedecken.

Grüne Bohnen oder Spinat oder Tomaten- oder Blattsalat dazu servieren.

Französisches Kartoffelsoufflé

1 kg	mehlige Kartoffeln, in der Schale gekocht, heiß geschält
200 ml	Milch
4	Eigelb
1 TL	mildes Paprikapulver
½ TL	Salz
1 Prise	Muskatblüte
1 EL	Butter
200 g	grüne Erbsen
1 EL	Petersilie, gehackt
4	Eiweiß, steif geschlagen
1	Prise Salz

Die noch heißen Kartoffeln mit der Kartoffelpresse oder der Flotten Lotte (Passe-vite) in eine Schüssel pressen. Die Milch aufkochen, mit dem Kartoffelschnee verrühren. Eigelb, Paprika, Salz und Muskatblüte beigeben. Die Butter schmelzen, die Erbsen und die Petersilie darin 2 Min. dämpfen, unter die Kartoffelmasse mengen. Die Eiweiß darunter heben. In eine gut ausgebutterte Auflaufform mit hohem Rand füllen. Im auf 200 °C vorgeheizten Backofen ca. 1 Std. backen (Ofentüre nicht öffnen).

Passt zu weißem Fleisch, zu Pilzragout oder Gemüse oder gemischtem Salat.

Französisches Kartoffelsoufflé

Gratinierte Kartoffelkroketten

750 g	mehlige Kartoffeln, in der Schale gekocht, heiß geschält
2 EL	Butter, flüssig
2 EL	Greyerzerkäse
2	Eier, verklopft
8 EL	Paniermehl
2 EL	Mehl
2	Eier, verklopft
100 ml	Milch
	Salz, Pfeffer, Muskat
1 EL	Butter in Flöckchen

Den Kartoffelschnee mit der Butter und dem Käse vermischen. Zu einem festen Teig kneten. Rollen daraus formen, diese in fingerlange Stücke schneiden. Die Eier auf einen Teller geben. Paniermehl und Mehl miteinander vermengen, auf einen zweiten Teller geben. Die Kartoffelwürstchen zuerst im Ei, dann im Paniermehl wenden.
Die zweite Eiportion mit der Milch verquirlen, würzen, in eine bebutterte Auflaufform gießen. Die Kartoffelkroketten kranzartig darüberlegen. Mit den Butterflöckchen bestreut im auf 200°C vorgeheizten Ofen 20 Min. goldbraun backen.

Passen zu geschnetzeltem Fleisch, Salat, Gemüse, Pilzen.

Gratinierte Kartoffelkroketten

Kräuterkartoffeln

Kräuterkartoffeln

- 2 EL Oliven- oder Sonnenblumenöl
- 800 g Schalenkartoffeln vom Vortag, in kleine Würfel geschnitten
- 2 EL getrocknete Kräuter (Rosmarin, Salbei, Thymian, Majoran oder Oregano oder alles gemischt)
- 1 TL Salz

Das Öl erhitzen, die Kartoffelwürfel beigeben, mit den Kräutern und dem Salz bestreuen, auf großem Feuer ca. 10 Min. durchbraten. Häufig wenden oder schütteln.

Passen zu Rinder- und Schweinebraten, Bratwürsten, Pilzen, Gemüsen, Salat.

Grießauflauf

Grießauflauf

	3	Eier
100 g	Zucker
	abgeriebene Schale einer Zitrone
	ausgekratzte Samen einer halben
	Vanilleschote
1 Prise	Salz
160 g	Grieß
½ l	Milch

Backofen auf 220 °C vorheizen.
Eigelb mit Zucker schaumig rühren, Zitronenschale, Vanille, Salz und Grieß beigeben. Zuletzt den steif geschlagenen Eischnee darunter ziehen. In einer ausgebutterten Auflaufform goldbraun backen ohne die Backofentüre zu öffnen (ca. 20–25 Min.). Die Milch aufkochen und über den gebackenen Auflauf gießen, sobald man ihn aus dem Ofen genommen hat. Auskühlen lassen. Mit Fruchtkompott oder Vanillesauce servieren.

Apfelrösti

1 Hand voll	Rosinen
1 Tasse	warmes Wasser
2 EL	Butter
800 g	saftige, säuerliche Äpfel, geschält, in feine Scheibchen geschnitten
250 g	altbackenes Brot, in feine Scheiben geschnitten (macht man am besten, bevor das Brot ganz hart geworden ist)
1 EL	Butter
100 g	Zucker
1 Msp.	Zimtpulver
100 ml	Apfelsaft
	einige Pfefferminzblätter

Die Rosinen ins Wasser einlegen. Die Butter zergehen lassen, Brot- und Apfelscheiben beigeben, mischen, zugedeckt 10 Min. dämpfen. Dabei alles mehrmals wenden und die restliche Butter dem Pfannenrand entlang beigeben. Dann den Zucker darüber streuen. Das Zimtpulver im Apfelsaft auflösen, beigeben, ebenso die Rosinen (Einweichwasser abschütten). Nochmals gut durchmischen. Warm, lauwarm oder kalt servieren. Die Pfefferminzblätter darüber streuen. Eventuell Vanillesauce dazu reichen.

Apfelrösti

Rohrnudeln

500 g	Weißmehl (Typ 405)
¾	Hefewürfel
2 EL	Milch
3 EL	Zucker
80 g	Butter, flüssig aber nicht heiß
200 ml	Milch
	abgeriebene Schale einer Zitrone
2	Eier, zerklopft
200 ml	Milch
3 EL	Butter
2 EL	Zucker

Das Mehl in eine Schüssel sieben. Den Hefewürfel in etwas Milch auflösen, zum Mehl geben. Zucker, Butter, Milch, Zitronenschale und Eier nach und nach dazumengen. Gut durchkneten. Es muss ein kompakter Teig entstehen. Aus diesem ca. sechs gleich große Kugeln formen. Mit Abstand auf ein bemehltes Teigbrett legen und mit einem feuchten Tuch bedeckt 1½ Std. gehen lassen. Nochmals gut durchkneten und erneut Kugeln formen.
In der zweiten Milchportion die Butter zergehen lassen, den Zucker beigeben. In eine ausgebutterte Kasserolle mit gut schließendem, ebenfalls gebuttertem Deckel geben, die Teigkugeln nebeneinander hineinlegen, zudecken. Im auf 180°C vorgeheizten Ofen 40 Min. garen, ohne den Topf zu bewegen oder den Deckel abzuheben. Die Rohrnudeln müssen eine schöne, braune Kruste haben. Sind sie nach der angegebenen Backzeit noch nicht braun, ohne Deckel noch einige Min. weiterbacken.
Mit Vanillesauce servieren.

Rohrnudeln

Vogelheu

4 EL	Butter
300 g	Weißbrot (Toastbrot, Zopf)
	in feine Scheiben geschnitten
4	Eier, zerklopft
200 ml	Milch
1 Prise	Salz
	evtl. einige frische Beeren

Die Butter zergehen lassen, die Brotscheibchen darin leicht gelb rösten. Eier, Milch und Salz miteinander verquirlen, darüber geben und mit der Bratschaufel fortwährend wenden, bis die Eiermasse flockig geworden ist.
Mit Kompott oder Vanillesauce servieren, evtl. mit frischen Beeren dekorieren.

Vogelheu

Vanillesauce

400 ml	Milch
	ausgekratzte Samen einer halben Vanillestange
1 gestr. EL	Mondamin oder Maizena
2	Eigelb
1–2 EL	Zucker

Alle Zutaten in einen Kochtopf geben und mit dem Schneebesen gut verrühren. Unter ständigem Rühren langsam aufkochen. Erkalten lassen. Immer wieder umrühren, damit sich keine Haut bildet.

Vanillesauce

Bündner Apfelkuchen

Teig:

- 400 g Mehl
- 200 g Butter oder Schweinefett, möglichst kalt, in Flöckchen geschnitten
- 100 g Zucker
- 2 Eier
- 4 EL Weißwein oder Wasser
- 1 Prise Salz

Belag:

- 600 g säuerliche Äpfel, geschält, Kerngehäuse entfernt, in feine Scheiben geschnitten
- 2 EL Paniermehl
- 2 EL Zitronensaft
- 150 g Mandeln, gerieben
- 1/4 l Rahm
- 100 g Puderzucker

Die Zutaten für den Teig mit kalten Händen rasch zu einem Teig verarbeiten, dabei nicht kneten. Auf einen Teller legen, mit einem Schüsselchen bedeckt 1 Std. im Kühlschrank ruhen lassen, dann ausrollen und eine ausgebutterte Springform (Durchmesser 28 cm) damit belegen. Dem Rand entlang hochziehen. Den Teigboden mit einer Gabel einstechen. Das Paniermehl darauf streuen. Die Apfelscheiben gestaffelt darüber legen, mit dem Zitronensaft beträufeln, Mandeln und Rahm miteinander vermengen, darüber gießen. Mit dem Puderzucker bestreut in den auf 200°C vorgeheizten Ofen geben und ca. 20 Min. backen.
Dazu trinkt man Kaffee mit heißer Milch (Verhältnis 1:1).

Bündner Apfelkuchen

Süße Fladen

130 g	Butter (Zimmertemperatur)
2 EL	Zucker
1	Ei
1 Prise	Salz
	abgeriebene Schale einer Zitrone
150–200 g	Mehl
2 EL	Zucker

Butter, Zucker, Ei, Salz und Zitronenschale zu einem weichen Teig rühren, das Mehl darüber sieben und darunter kneten. Den Teig kalt stellen, dann 5 mm dick ausrollen und Rondellen von ca. 12 cm Durchmesser ausstechen. Mit Zucker bestreuen. Im auf 180°C vorgeheizten Backofen 10 Min. goldbraun backen.
Kompott (aus Äpfeln oder aus getrockneten Birnen) schmeckt fein dazu und – natürlich – ein Milchkaffee.

Süße Fladen

Bienenstich

Teig:

1/4	Hefewürfel
150 ml	Milch
300 g	Weißmehl
50 g	Butter, geschmolzen aber nicht warm
2 EL	Zucker
1 Päckchen	Vanillezucker
1 TL	Salz

Guss:

50 g	Butter
2–3 EL	Bienenhonig
1 EL	Milch
100 g	Mandelblättchen

Füllung:

200 ml	Milch
1 EL	Mondamin oder Maizena
1 EL	Zucker
1	Ei
1/2	Vanillestängel
100 ml	Rahm, steif geschlagen

Teig und Guss:
Die Hefe in der Milch auflösen. Das Mehl in eine Schüssel sieben, die Hefemilch und die übrigen Teigzutaten darunter mengen. Den Teig zu einer Kugel formen und – mit einem feuchten Tuch bedeckt – 2 Std. gehen lassen. Die Zutaten zum Guss miteinander vermengen und etwas erwärmen. Den Teig in eine ausgebutterte Springform geben (Durchmesser 24 cm). Die Gussmasse darauf verteilen. Im auf 180°C erhitzten Ofen ca. 25 Min. backen, bis der Guss goldbraun ist.

Füllung:
Die Zutaten (ohne den Rahm) gut miteinander vermengen, aufkochen, köcheln, bis die Masse dick ist. Den Vanillestängel entfernen. Erkalten lassen. Den steif geschlagenen Rahm darunter mischen. Den Kuchen quer halbieren. Die Schnittfläche mit der Füllung bestreichen. Den Kuchen wieder zusammensetzen.

Früchtepudding

750 g	gut ausgereifte Aprikosen oder Zwetschgen oder Birnen (geputzt gewogen) oder Beeren
100–120 g	Zucker (je nach Säuregehalt der Früchte)
150 ml	Rahm
1 Päckchen	Vanillezucker
4	Eier
1 Prise	Salz
50 g	Puderzucker

Die Früchte in eine ausgebutterte Auflaufform legen (Aprikosen und Zwetschgen mit der Schnittfläche nach unten), den Zucker dazwischen und darüber streuen. Die übrigen Zutaten außer dem Puderzucker miteinander verrühren und darüber gießen. Die Auflaufform in ein Wasserbad stellen und im auf 180°C vorgeheizten Backofen 40 Min. pochieren. Mit einer Stricknadel prüfen, ob die Gussmasse fest geworden ist. Evtl. noch einige Min. im Ofen lassen. Vor dem Servieren mit dem Puderzucker bestreuen.

Schokoladenpudding

8 EL	Mehl
2 EL	Zucker
1 EL	Kakaopulver
1 TL	Backpulver
50 g	Butter, geschmolzen, aber nicht warm
1	Ei, verquirlt
1–2 EL	Milch

Mehl, Zucker, Kakaopulver und Backpulver miteinander vermengen. Die Butter dazurühren. Das Ei mit der Milch verrühren, ebenfalls unter den Teig arbeiten. Alles in eine ausgebutterte Puddingform mit Deckel füllen. Im Wasserbad im auf 180°C vorgeheizten Backofen 2 Std. ziehen lassen.

»Italienischer Salat« – Ein Vorwort

Um so ein Buch zu schreiben, setzt man sich nicht einfach hin, an die Schreibmaschine oder den Schreibcomputer, und schreibt los – das braucht einiges an Überlegung. Das gilt für dieses Buch besonders, denn ich habe meine Schwierigkeiten damit, aber davon später.

Annette und ich diskutieren, erfinden den Anfang, verwerfen ihn wieder und erfinden ihn neu. Über all dem ist unversehens ein Vormittag vorbeigegangen. Zeit, ans Mittagessen zu denken. Natürlich hätten wir uns etwas Schönes einkaufen können, Spargel zum Beispiel, jetzt ist Spargelzeit! Und neue Kartoffeln. Aber wir haben über dem Diskutieren das Essen vergessen.

Ein Blick in den Küchenschrank: Da hat es Reis, da hat es Grünkerngrieß, da hat es Kartoffelbrei in der Instantpackung und einen Beutel mit Hartweizengrießhörnle. Also für die Grundlage wäre gesorgt.
Der Kühlschrank! Er enthält in seinem Gemüsefach zwei Frühlingszwiebeln und zwei Tomaten. Im Keller finde ich dann noch einen Apfel, eine Dose Erbsen, ein Glas Gewürzgurken.
Daraus lässt sich doch was machen!

»Auf was hast Du Lust?«
»Ich weiß nicht«, sagt Annette.
Ich dränge: »Willst Du einen Gemüsereis oder soll ich Grünkernküchle machen? Im Kühlschrank sind auch noch Eier.«
»Nein«, sagt Annette, »das macht zu viel Arbeit. Wir wollen doch schreiben.«

Und dann kommt mir ein Gelüst. An einem warmen Tag wie dem heutigen hat Mutter etwas gekocht oder zubereitet, das sie ›italienischen Salat‹ nannte.

»Magst du italienischen Salat?«, frage ich Annette.
»Meinst du so wie früher italienischer Salat gemacht wurde? Mit Fleischwurst und Eiern und Käsestückchen?«, fragt Annette.

»Ja, nach so einem altmodischen Salat würde jetzt mein Sinn stehen«, sage ich.
›Würde jetzt mein Sinn stehen‹ ist eine Redensart, die ich sehr mag, im Gegensatz zu Annette. Sie lehnt derlei hochgestochene Formulierungen ab auch im Hinblick auf Menschen im Ausland, wo zum Beispiel Schweizer Saaltöchter Augen bekommen von der Größe von ›Mutschli‹, wenn ich ihnen erkläre, nach was ›mein Sinn steht‹ – saure Leberli zum Beispiel. Dieses Mal lässt es Annette hingehen und betont, auch ihr Sinn würde jetzt danach stehen. Aber realistisch wie sie ist, weist sie darauf hin, dass wir weder Fleischwurst, noch Käse, noch gekochte Eier im Haus hätten.

»Aber Annette«, sage ich, »sind wir kreativ oder nicht? Mit dem was wir haben, zaubern wir den besten italienischen Salat, den du dir vorstellen kannst.«

Und während ich die Hörnle zum Kochen aufsetze, schneidet Annette Tomaten, Apfel, Zwiebeln, Gewürzgurken in mundgerechte Stücke, öffnet die Erbsendose und vermischt alle diese Zutaten. Dann kreiert sie aus Olivenöl, Weinessig, Senf, Salz und Pfeffer, einem Hauch Zucker und viel Majoran eine herrliche Salatsauce, der sie mit Sauerrahm noch eine abschließende Note gibt.
Inzwischen sind die Hörnle gekocht, werden abgeschüttet, kalt abgebraust und kommen zum Gemüse dazu. Annette gießt die Salatsauce darüber, mischt durch und lässt das Ganze noch ziehen.
Indessen decken wir den Tisch.
Wir philosophieren und kommen zu dem Ergebnis, dass man aus den einfachsten Zutaten etwas Feines zubereiten kann, wenn man nur ein bisschen Fantasie hat und Vorstellungskraft. »Und Liebe zu denen, die das essen

sollen«, sagt Annette, »denn damit, dass man einfach das, was man hat in den Topf wirft, ist es nicht getan. Liebe muss auch noch hinein.«

»Richtig«, sage ich, »man muss gern kochen. Man muss die einzelnen Zutaten so kennen, dass man eine Vorstellung von ihrem Geschmack hat und eine Vorstellung, ob sich dieser Geschmack mit dem der anderen Zutaten verträgt. Und schließlich muss man auch Kochen als etwas sehen, mit dem man anderen, nämlich denen, die das essen sollen, eine Freude machen will.«

Dann setzen wir uns hin zum Essen und unser italienischer Salat, geboren aus dem, was zufällig an diesem Morgen im Haushalt vorhanden war, schmeckt uns beiden und wir wissen: Nie wieder wird ein italienischer Salat so schmecken wie dieser, den wir dem Zufall verdanken.

Dann wird uns plötzlich klar, dass wir das erste Kapitel unseres Buches einfach nur noch niederschreiben müssen mit dem Titel ›Man nehme was man hat‹.

Vom Sparen

»Einkommen ist das, was man am Monatsende übrig hat«, pflegte meine Mutter zu sagen und sie lebte es mir vor. Von ihrer kleinen Rente behielt sie fast jeden Monat einen Betrag übrig, den sie dann in einer alten Handtasche im Wäscheschrank hinter den Handtüchern aufbewahrte, bis es so viel war, dass sich der Gang auf die Sparkasse lohnte. Meist aber wurde das Geld aus der Handtasche für die größeren Rechnungen gebraucht: Holz, Briketts, Kartoffeln, neue Sohlen für die Schuhe, eine neue Hose für mich, eine neue Kleiderschürze für Mutter, Versicherungen ...
So war es nach dem Krieg, nach dem Tod meines Vaters.
Nicht viel anders davor, vor dem Krieg, als Vater noch verdiente. Als Buchdrucker. Zum Schluss 410,- Reichsmark im Monat.
Was hätten wir machen sollen, wenn die Handtasche und das Sparkonto für unvorhergesehene große Ausgaben nicht gewesen wären? Sie waren die Sicherheit, der Notgroschen.
»Spare in der Zeit, dann hast du in der Not«, pflegte auch meine Mutter zu sagen. Sie hatte verschiedene Methoden zu sparen.
Da war zunächst einmal ihr Kleingarten. Seine Pacht musste zwar jedes Jahr auch aus der Handtasche bezahlt werden, aber dafür lieferte uns der Garten das ganze Jahr über unser Essen. Von den Kartoffeln, die im Herbst bei einem Bauern gekauft wurden, und vom Fleisch, das es zweimal in der Woche zu essen gab, abgesehen. Was wir nicht frisch aus dem Garten gegessen haben, hat Mutter eingemacht für die Zeit, wo im Kleingarten nichts wuchs, wo es kein frisches Gemüse gab. Und war dann noch mehr Gemüse da, dann hat es Mutter verkauft. Sie hatte ein paar wohlhabende Nachbarinnen, die ihr den frischen Salat, die Karottenbündel, die Kohlrabi und Bohnen mit Handkuss abnahmen und ein paar Mark dafür bezahlten. Die kamen dann, Sie wissen schon, in die Handtasche. Abends gab es meistens ebenfalls Erzeugnisse des Gartens, Salat z. B., frische Tomaten, das, was Mutter ›italienischen Salat‹ nannte. Oder es gab Aufgewärmtes vom Mittag. Manchmal, vor allem freitags, gab es abends auch Käse. Ich erinnere mich ganz genau, dass mich Mutter in den Konsum geschickt hat, um 100 Gramm Edamer ohne Rinde zu kaufen. 100 Gramm, nicht mehr und nicht weniger, das hatte für ein Abendessen für drei zu reichen. Auch beim Metzger kaufte Mutter nie mehr ein, als sie zu einem Essen brauchte. Das war ein Viertel Aufschnitt ohne Schinken. Mutter hielt nichts von der Theorie des Sparens durch Großeinkauf. »Was im Hus isch, wird au gesse«, pflegte sie jeden Gedanken abzuwehren, eine ganze Wurst zu kaufen oder ein größeres Stück Käse. Nach diesem Prinzip kaufte sie auch alles andere, was sie nicht selbst im Garten erzeugen konnte. Bohnenkaffee zum Beispiel: 50 Gramm. Wenn es denn schon mal Bohnenkaffee gab, an Weihnachten oder Ostern oder wenn Tante Frieda zu Besuch kam. Dann wurde auch das gute Kaffeeservice herausgeholt. Tante Frieda war eine Cousine meiner Mutter und hatte einen Reichsbahninspektor geheiratet. »Frieda isch e rieche Frau, die mues net an allem spare wie mir.« Tante Frieda hatte wie meine Mutter einen einzigen Sohn. Der wurde mir immer als Vorbild hingestellt, von meiner Mutter. Sparen musste der nicht. Im Gegensatz zu mir. Ich brauchte nur an die abgegriffene Handtasche meiner Mutter zu denken, schon erstickte jeder Wunsch. Manchmal nahm mich mein Vater am Samstagnachmittag mit in die Stadt. Mein Vater kannte viele Leute und sie haben ihn alle gegrüßt. Man ist auch vielen Leuten begegnet. Wer hatte in jener Zeit schon ein Auto? So waren sie alle zu Fuß unterwegs. Eigenartigerweise hatte man auch Zeit. Auch zu einem Gespräch auf der Straße. Zwar war noch nicht einmal die 48-Stunden-Woche erfunden und viele Leute mussten am Samstagmorgen wie mein Vater noch arbeiten, aber man hatte Zeit. Viel mehr Zeit als heute. Der eine oder andere, den wir trafen, sagte:

»Komm Adolf, wir trinken ein Bier.«
Die Standardantwort meines Vaters war: »I kann nit, i hab kei Zit im Sack.« Das hat mich als kleinen Bub immer wieder verwundert. Wieso hatte Vater plötzlich keine Zeit? Und dann noch im Sack, also in der Hosentasche. Erst viel später habe ich begriffen, dass Vater Geld meinte, denn auch er musste sparen, bekam von Mutter ein kleines Taschengeld, mit dem er auszukommen hatte. Davon bezahlte er die Straßenbahn, mit der er täglich ›ins Gschäft‹ fuhr, so nannte er die Druckerei, in der er als Meister tätig war. Davon bezahlte er seinen Schnupftabak. Vater führte immer ein Döslein davon mit sich und einmal in der Woche brauchte er Nachschub. Der Schnupftabak war in dicke Zinnfolie verpackt, die Vater sammelte und wenn er genügend beisammen hatte, zu einem kleinen Barren schmolz. Den konnte er gut verkaufen. Zinn war und ist teuer.

Ach ja, wir sind dann meistens doch eingekehrt, Vater und ich. Vater trank ein Bier, ich bekam einen Zitronensprudel und – als absoluter Höhepunkt – ein heißes Wienerle. Das war meine ganze Wonne. Und Vater sagte: »Saisches aber net de Mueder, dass mer ikehrt sin«, worauf ich daheim beim Anblick der Mutter in den Ruf ausgebrochen sein soll: »Mueder, mir sin ebbes, i derf d'r aber net sage, was.« Mutter schimpfte prompt, wenigstens pro forma, mit Vater wegen der Verschwendung.

Das alles hat in mir das Gefühl erzeugt, wir hätten überhaupt kein Geld. Mit dem Begriff ›Armut‹ brachte ich das gar nicht in Verbindung. Irgendwann – ich meine, ich war in der zweiten oder dritten Volksschulklasse – war ich wieder einmal der Gegenstand einer Hänselei meiner Schulkameraden. Es war in einer Pause. Und es war ja so einfach, den kleinen Dicken zu ärgern und ihn wegen seines Umfangs auszulachen. Das Lieblingsschimpfwort meiner Kameraden war ›Fettsau‹. Nun war ich noch nie ein Mensch von sanftem Gemüt, ärgere mich bis heute über jeden auch nur verbalen Angriff. Also schlug ich um mich und traf einen meiner Schulkameraden am Handgelenk oder an seiner Armbanduhr – ich hatte natürlich keine – und er verkündete laut: »Die Armbanduhr ist kaputt.« Nun war für mich eine Armbanduhr etwas unvorstellbares Teures, dessen Preis außerhalb dessen lag, was meine Eltern bezahlen konnten. Infolgedessen schlug über mir die totale Verzweiflung zusammen: Mein Vater müsste nun eine Armbanduhr kaufen. Was mehr kostet als sein Monatslohn. Und dann, von was sollen wir leben? Ich weinte und schrie. Als der Lehrer in das Klassenzimmer kam, schickte er mich hinaus mit der Bemerkung, ich solle wiederkommen, wenn ich mich beruhigt hätte. Unmittelbar neben der Volksschule, in die ich ging, steht die Pfarrkirche. Dorthin rannte ich in meiner Verzweiflung und ich versprach 10.000 ›Vaterunser‹ zu beten, wenn diese schreckliche Heimsuchung an mir und meinen Eltern vorbeiginge. Dann ging ich zurück ins Klassenzimmer, wo irgendeiner mir verkündete: »Die Uhr geht wieder.« Das Wunder war geschehen, das Unglück war nicht passiert. Wenn ich jetzt auf das alles zurückblicke, denke ich mir, irgendwas müssen meine Eltern da falsch gemacht haben. Den Wert des Geldes schätzen lernen, ist sicher für einen jungen Menschen wichtig, aber ihn derartig verängstigen, ist bestimmt nicht gut. Und die 10 Pfennig Taschengeld, die ich wöchentlich bekam (»alles, was du bruchsch, zahle mir dir jo«), waren für den erzieherischen Zweck ungeeignet. Auch wenn die Preise der Vorkriegszeit niedrig waren, mit 10 Pfennig konnte man äußersten Falls eine Stange Vivil kaufen oder zwei Kugeln Eis. Wenn man vier Wochen lang die 10 Pfennig sparte, machte es immer noch keinen Sinn. Wenn ich von einem Onkel oder einer Tante bei irgendeinem Anlass Geld geschenkt bekam, musste ich es sofort abgeben, damit es in meine Sparbüchse geworfen wurde, deren Inhalt regelmäßig auf mein Sparkonto kam, das mir die Sparkasse Freiburg bei meiner Geburt mit 5 Mark Einlage eingerichtet hatte. 1948, bei der Währungsreform, waren 785 Mark und 50 Pfennige auf dem Konto. Sie gingen wie alles Ersparte unter, wie Mutters Ersparnisse und Vaters Lebensversicherung, alles für Hitlers Krieg. Mutter hatte einen Teil ihrer Ersparnisse einem Vetter geliehen, der ein Haus bauen wollte. Er hat das Haus vor dem Krieg gebaut und sechs Monate vor der Währungsreform hat er meiner Mutter das Geld zurückbezahlt: futsch! Dafür hat Mutter gespart. Sein Haus steht heute noch. Mutter hat weitersparen müssen. Das neue Geld, die DM, war ja auch etwas wert. Ihre kleine Witwenrente ließ keine großen Sprünge zu. Ich ging noch ins Gymnasium und kostete Geld und Mutter hat mich auch noch während zwei Jahren Studium im Wesentlichen ernährt. Natürlich habe ich dann schon Geld verdient, aber gespart, gespart habe ich nicht. Den ersten Vertreter einer Lebensversicherung, der natürlich auftauchte, nachdem ich meine erste Festanstellung hatte, habe ich mit rüden Worten hinausgeworfen. Die Erinnerung an all diese Dinge ist mehr als bitter. Sparen ist für mich die eine Seite der Armut. Armut bedeutet für mich Verlust der Identität.

Dies ist die Schwierigkeit, die ich mit diesem Buch habe.

* * *

Vom einfachen Leben

Es gibt Plätze auf dieser Welt, zu denen man sich in besonderer Weise hingezogen fühlt. Sei es, dass einem das Landschaftsbild besonders gefällt, dass die Menschen besonders sympathisch sind, das Klima angenehm oder alles miteinander.

Ein solcher Platz ist für mich das Tessin und ganz besonders der Lago Maggiore, dessen Ufer so vielgestaltig sind, von denen man in so viele Täler aufbrechen kann, die jeweils wieder ihren eigenen Charakter haben. Das Onsernonetal zum Beispiel oder das Centovalli – das Tal der hundert Täler, wie Centovalli auf deutsch heißt.

Das Schweizer Ufer ist anders als das italienische, das einmal zum Königreich Savoyen gehört hat, mit Cannobio, Intra, Stresa, den Borromäischen Inseln bis hinunter nach Arona, und dieses ist wieder anders als das gegenüberliegende, das bis ins vorletzte Jahrhundert österreichisch war mit Angera, Laveno, Luino.

Aber selbst die Ufer des Schweizer Teils des Sees unterscheiden sich, wie sich nur zwei Brüder unterscheiden können. Das nördliche Ufer mit Locarno, Ascona, Brissago liegt auf der Sonnenseite und ist reich und prächtig, während das gegenüberliegende Ufer zwischen Magadino und Dirinella, der schmale Uferstreifen zu Füßen des Gambarogno, Schattenseite ist. Dies gilt nicht nur wörtlich im Winter, wo an vielen Stellen die

Sonne ein Vierteljahr lang nicht scheint, weil sie nicht über die Berge kommt. Dieses Ufer heißt bei den Tessinern überdies ›Riva magra‹, das magere Ufer. Hier war jahrhundertelang die Armut zu Hause.

Als es die Eisenbahn noch nicht gab und die Waren auf Lasttieren über den Gotthard gebracht wurden, endete die Straße in Magadino. Dort wurden die Waren umgeladen auf Frachtschiffe und diese wurden dann am Ufer entlanggezogen, ›getreidelt‹ wie man sagt, von Männern an langen Seilen. In San Nazarro steht noch heute ein Haus am Ufer, in dem die Männer nachts schliefen. Die reichen Kaufleute wohnten drüben in Locarno. Die Leute in den kleinen Dörfern am See betrieben eine ärmliche Landwirtschaft. Und in Gerra zum Beispiel waren die Kesselflicker daheim.

Der Wald an den Hängen des Gambarogno war ein lichter Kastanienwald. Unter den Kronen der riesigen Kastanienbäume war der Boden mit Gras bewachsen und diente als Weide für Geißen und Kühe. Wenn man den Gambarogno von Locarno aus betrachtet, dann fällt einem auf, dass es außer den Dörfern am See eine zweite Ebene der Besiedlung gibt. Das sind die Dörfer, die dort liegen, wo vor undenklichen Zeiten einmal das Seeufer war. Darüber aber, auf halber Höhe des Berges, gibt es eine dritte Ebene von Häusern. Es sind die Monti der Dörfer am See. Jedem Dorf unten entsprechen Monti oben, also Vira und Monti di Vira, Vairano und Monti di Vairano, Gerra und Monti die Gerra. Die Monti sind die Häusergruppen, in denen die Leute der Dörfer im Sommer mit ihren Tieren lebten. Dann waren die Dörfer am See so gut wie ausgestorben und das Dorfleben fand auf den Monti statt. Sogar kleine Kapellen gibt es da oben, woraus man schließen mag, dass auch der Pfarrer im Sommer hinauf auf die Berge zog. Der Grund für den Umzug ist nicht nur die Hitze und Schwüle am See, sondern auch ganz einfach die Tatsache, dass dann die Weiden am See abgefressen waren und die Tiere eben in den Wäldern ihr Futter fanden.

Aber das alles sind Geschichten von vorgestern. Die Kastanienbäume sind Anfang des letzten Jahrhunderts an der Kastanienpest eingegangen. Nur wenige große Kastanien sind nachgewachsen. Aus den Baumstümpfen wuchern heute Kastanienbüsche, aus denen man zum Beispiel immer noch Rebstecken schlägt. Weil niemand das Kastanienlaub zusammenkehrt und sammelt, es diente früher als Streu für die Tiere und wohl auch für die Menschen, kann kein Gras mehr unter den Bäumen wachsen. Aber die heutigen Bewohner des Gambarogno haben auch keine Kühe und Geißen mehr. Außer ein paar wenigen Leuten, die eine gewisse Landwirtschaft in der Freizeit betreiben, arbeiten die Bewohner des Gambarogno in den Geschäften, Büros und Fabriken von Locarno, von Bellinzona, von Lugano oder verleben hier ihre Pension, Rente oder das Ersparte ...

Mit dem Tourismus hat sich die Welt des Tessins verändert und die größte Armut ist verschwunden. Um die 800 Personen leben noch ständig in den Dörfern des Gambarogno. Aber über eine halbe Million Menschen kommt jeden Sommer, um im Gambarogno Urlaub zu machen. Sie bringen Arbeit und einen gewissen Wohlstand, aber sie machen auch eine entsprechende Infrastruktur notwendig. So muss z.B. die Wasserleitung und die Kanalisation für die entsprechende Anzahl Menschen ausgelegt sein.

Aber noch immer erinnern sich die alten Leute an die Not und das einfache Leben der Vergangenheit.

In einem Buch über den Kanton Tessin aus dem Jahre 1835 finde ich unter dem Stichwort ›Nahrung‹ u. a. Folgendes:

»*Der tessinische Landmann hält insgemein drei Essen täglich. Mitten im Sommer und während der strengsten Arbeitszeit höchstens vier. Darunter ist das Morgenessen (il desinare), gewöhnlich gegen sieben oder acht Uhr vormittags und besteht meist aus Polenta. Vor 30 Jahren war diese gemeiniglich von Hirsmehl, oft auch von Buchweizen, jetzt entweder einzig von Mais oder gemengt. Die Ärmsten essen dieselbe ohne Zutat oder mit der Würze des frischen Wassers. Die anderen entweder mit Milch oder mit*

*Wein oder mit Käse oder in Butter geröstet ...
Mittags oder kurz nachher wird die ›morenda‹ genommen mit Roggenbrot oder mit Kartoffeln und sehr elend ist die Haushaltung, welche nicht im Stande ist, diese Speise mit Käse oder Zieger zu begleiten oder dazu Milch oder Wein zu trinken ...
Werden vier Mahlzeiten gemacht, so findet zu der oben angegebenen Zeit das Frühstück (la colazione) statt, das Mittagessen (il pranzo) gegen Mittag, das Vesperbrot (la mirenda) zwischen drei und vier Uhr nachmittags und das Nachtessen (la cena) am Abend. Dieses besteht aus Brot und Käse oder Zieger, oft kommt auch Branntwein oder Wein dazu ...
In einigen Bergdörfern wird das Schwein vor dem Sommer geschlachtet und liefert Würste und Fleisch für die Zeit der Arbeiten, wenn die Milch wegen der weiten Entfernung des Viehs auf den Alpen selten ist. Im Sommer liefern die Gemsen und Murmeltiere den höheren Alpgegenden ein Fleisch zu billigem Preis, das sich auch der nicht Reiche verschaffen kann.«*

Bei den alten Leuten des Gambarogno lebt noch die Erinnerung an die alten ›mageren‹ Zeiten fort. Sie wissen manches Rezept der einfachen Küche, das anderswo längst vergessen ist. Wir haben solche Rezepte gesammelt. Ein interessantes Beispiel für die einfache Küche des ›mageren Ufers‹ dokumentiert ein Gericht des renommierten Gasthauses ›Rodolfo‹ in Vira: Rodolfo bietet ein Ragout aus dem Rückenmark und dem Briesle der Geiß an: Die Bewohner haben früher, übrigens wie im Schwarzwald auch, die wertvollen Fleischstücke verkauft und aus dem unverkäuflichen und billigen in der eigenen Küche mit viel Fantasie Wohlschmeckendes zubereitet. Wenn ich bei Rodolfo esse, dann bestehe ich auf diesem seinem Ragout der alten Art.

Ich erinnere mich an eine Einladung hinauf in eine der Monti-Hütten des Gambarogno. Natürlich haben seine Besitzer keine Geißen und Kühe mehr, aber sie haben ihre Monti-Hütte beibehalten, haben der Versuchung widerstanden, sie an irgendeinen Deutschschweizer oder Deutschen zu verkaufen, gehen bis heute fast jedes Wochenende hinauf, um dort oben in der Einsamkeit ein naturnahes Leben zu führen. Vom Parkplatz an der oberen Straße bis zum Monti-Haus ist es eine gute dreiviertel Stunde, steil den Berg hinauf. Was man dort oben essen oder trinken will, das muss man im Rucksack hinauftragen. Also nimmt man nur das Wesentliche mit. Dazu gehören mit Sicherheit eine Flasche Wein, ein Brot, Pasta, Käse, Speck, ›Luganighe‹, die traditionellen Tessiner Würste für das Essen am Sonntag, und natürlich eine Salami.

Ich steige mit Gemma den Weg hinauf. Gemma hat das Monti-Haus von ihrer Mutter geerbt. Sie ist Mitglied des Patriarchats, so heißt im Tessin die Bürger-Gemeinschaft, auf deren Gebiet die Monti stehen. Dann und wann bleibt Gemma stehen um mir eine Pflanze oder Beeren zu zeigen, die sie pflückt, einen Pilz, den sie mitnimmt. Als im lichten Kastanienwald noch Gras wuchs, gab es Steinpilze in Hülle und Fülle. Sie sind mit dem alten Wald verschwunden, wenn auch nicht ganz. Dann und wann sieht Gemma einen im Laub, wo ich nichts sehe. Natürlich nimmt sie die Steinpilze mit und die Rotkappen und die Maronenröhrlinge, die sie findet. Und dann ist da etwas ganz Rares, wie sie sagt. Ich hätte es für einen Fliegenpilz ohne Punkte gehalten, rot ist sein Schirm. Gemma sagt: »Ich weiß den deutschen Namen nicht, aber botanisch heißt er ›Amanita imperialis‹, irgendwas mit Kaiser.« Es ist der Kaiserpilz, ein naher Verwandter des Knollenblätterpilzes, der so tödlich giftig ist, aber der Kaiserling ist nicht giftig, sondern vielleicht der beste aller Pilze überhaupt.
Auch diesen Kaiserling nimmt Gemma mit.

In einer Lichtung findet sie ein grünes Kraut, das ich als Taubenkröpfchen kenne. Sie nimmt ein ganzes Büschel davon in ihren Beutel. »Das wird eine Suppe«, sagt sie. »Du musst nur darauf achten, dieses Kraut vor der Blüte zu pflücken, nur dann hat es sein angenehmes Aroma. Danach schmeckt es scharf.«

»Ich finde es ganz toll«, sage ich, »dass Du all die essbaren Dinge im Wald kennst«.
»Ich habe es von meiner Mutter gelernt«, sagt Gemma. »Wenn man nicht viel anderes zu essen hat als Polenta und Kastanien, dann ist man für jede Variation, für jede Abwechslung, für alles, was man dazu essen kann, dankbar. Meine Mutter hat so viele Saucen gekannt, nicht nur aus Pilzen und Kräutern, sondern auch aus Gemüsen, die sie im Garten gepflanzt oder wild gefunden hat. Aber man muss halt wissen, was essbar ist und was gut schmeckt.«

Inzwischen sind wir an ihrem Häuschen angekommen. Wir haben die Rucksäcke abgesetzt und die Taschen mit den Lebensmitteln.
»Komm, lass uns Holz suchen gehen«, sagt sie.
Wir holen im Wald trockenes Reisig zum Anfeuern und Gemma entzündet in ihrem Herd sorgsam mit einem Streichholz ein Feuer. Zunächst hat sie nur ein kleines Häuflein locker übereinander geschichteter trockener Zweige. Die – kaum dicker als das Streichholz – brennen sofort. Gemma füttert die kleine Flamme mit einzelnen trockenen Reisigstücklein, sodass sie immer größer

wird, dann gibt sie dickere Zweige darauf, bis sie schließlich die dicken Scheite vom Holzstoß auflegen kann.

»Siehst du«, sagt sie, »das ist das Prinzip des Kochens. Alles sorgfältig machen, auch das scheinbar Nebensächliche wie zum Beispiel das Feuer. Wenn man Feuer macht, dann muss man sich ganz auf das Feuermachen konzentrieren. Wenn das Feuer gleich wieder ausgeht, dann bringt das nichts. Dann wird es auch mit dem Kochen nichts. Und so wie man das Feuer macht, so sorgfältig und so konzentriert, so muss man auch kochen. Man muss das Feuermachen sozusagen lieben, genauso wie das Kochen.«

Das offene Feuer schlägt jetzt durch das Loch in der Herdplatte. Gemma stellt eine Messingpfanne mit langem Stiel hinein. Sorgsam schneidet Gemma ein Stück Butter ab.
»Das wird unsere Suppe«, sagt sie. »Unsere Hauptzutat, die Kräuter, haben nichts gekostet, drum können wir uns ein Stück Butterschmalz leisten.«
Sie stäubt etwas Mehl über das inzwischen geschmolzene Butterschmalz, heißt mich diese Mehlschwitze mit dem Kochlöffel zu rühren, inzwischen hackt sie das Kraut so fein wie möglich. Während meine Mehlschwitze allmählich gelb wird, kommen die fein gehackten Kräuter hinein. Ich rühre weiter. Es duftet nach dem Kraut und Gemma löscht mit frischem Wasser ab.
Während die Suppe köchelt, sie hat die Pfanne nach einmal Aufkochen aus dem Ofenloch genommen und auf die Seite gestellt, setzt sie wieder frisches Wasser auf, das sie mich vom Brunnen vor der Tür holen heißt.

Ich habe eine Leidenschaft für Wasser und ich muss natürlich auch dieses Wasser aus dem Brunnen versuchen. Es gibt Leute, die meinen, Wasser sei Wasser und schmecke gleich. Weit gefehlt! Es gibt Brunnen und Quellen, deren Wasser ich jedem anderen Getränk vorziehe, zum Beispiel das Wasser aus der Brunnenstube beim Kloster Panteleimonos auf dem Berg Athos, das für mich das beste Wasser überhaupt ist. Auf der Chalkidiki, irgendwo an der Straße kurz vor Arnea, mitten im Wald, fließt ähnlich gutes Wasser. Sprudelwässer schmecken genauso unterschiedlich. So hab ich auch mein Lieblingssprudelwasser.

Aber zurück zu Gemma, die jetzt mit wildem Thymian, direkt von der Wiese, einen Tee kocht, Kartoffeln aufsetzt, Salzkartoffeln und in das Wasser wird sie die Luganighe-Würste legen, wenn die Kartoffeln so gut wie gar sind.

Inzwischen ist Bixio, der Mann von Gemma gekommen. Wir sitzen am Steintisch vor dem Haus in der Sonne, unter der Pergola. Bixio hat Nostrano mitgebracht, den Wein aus den so metallen schmeckenden Amerikaner-Trauben, den ich sehr mag.

Gemma stellt uns ›Tazzin‹, die traditionellen henkellosen Trinkschalen aus Steingut hin.
Dann gibt es Taubenkröpfchensuppe und Löwenzahnsalat, den Gemma auf der Wiese hinterm Haus gepflückt hat (er sollte halt noch nicht blühen!), und Luganighe. Bevor Gemma die Würste aus dem Topf mit den Kartoffeln holt, sticht sie sie mit der Gabel mehrfach an, damit das Fett herausblutet. Das kommt den Luganighe zugute und den Kartoffeln, die das Fett aufsaugen und auf diese Weise viel besser schmecken.
Dann gibt es noch ein Stück Kastanienbrot, eine Scheibe Gorgonzola mit einem Tazzin Nostrano.

Während Bixio und ich uns auf die Liegestühle verteilen für die Siesta, stellt Gemma den Krug mit dem Thymiantee im Brunnentrog kalt, das erfrischende Getränk für den heißen Nachmittag.

* * *

Eine Familie auf Kreta

Manche sagen, Kreta, die Insel im östlichen Mittelmeer sei mehr als eine Insel, sei fast so etwas wie ein kleiner Kontinent. Die Vielzahl der Landschaftsformen spricht dafür. Natürlich auch die Größe der Insel, die man aus mitteleuropäischer Sicht immer gern unterschätzt. Das hängt mit den Karten vom Mittelmeer zusammen, die man benutzt und auf denen die Länge der Insel scheinbar gering ist. Dabei ist es vom äußersten Ostzipfel, dort wo der Palmengarten von Wei liegt, bis zum anderen Ende, wo auf einem schmalen Uferband Tomaten angebaut werden, eine gute Tagesreise, auch mit einem schnellen Auto. Es sind gut und gern 200 Kilometer, die dem Auf und Ab der zum Teil felsigen Küste folgen, in Kurven zahllose Täler ausfahren, also so weit wie von Basel bis nach Mannheim, ja noch darüber hinaus.

Das Innere der Insel besteht aus Gebirge, das nach Norden meistens flach zum Meer abfällt, nach Süden aber steil und abrupt. Im Westteil der Insel ist diese Landschaftsstruktur besonders stark ausgebildet und von den Städten Rethymnon, Chania, Castelli und den Dörfern am Meer führen im Wesentlichen nur drei Straßen durch das raue Gebirge zur Südseite, wo sie in den Orten Paleochora, Chorasphagion und Suglia enden. Die Verhältnisse sind sogar so, dass man, um von dem einen dieser Orte zu einem anderen zu kommen, einen weiten Umweg nach Norden, fast bis zur Küstenebene fahren muss. Es ist allerdings nicht ohne Reiz, diese Straßen durchs malerische Gebirge zu fahren, wenn man nicht in Eile ist und wenn man nicht fahren muss. Für die Bewohner der Südküste aber ist es eine arge Schwierigkeit, Notwendigkeiten – wie z. B. den Gang zum Zahnarzt oder zum Einkauf – mit einer stundenlangen Fahrt durchs Gebirge bezahlen zu müssen. Die Orte an der Südküste liegen indes nicht allein. An den Zufahrtsstraßen durchs Gebirge gibt es mehr oder weniger große Dörfer, in denen bis heute Landwirtschaft betrieben wird. Landwirtschaft, das ist auf Kreta hauptsächlich der Anbau von Oliven und das Halten von Ziegen und Schafen für den Eigenbedarf an Milch, Käse, Wolle. Wie lebt ein Bauer in einem solchen Bergdorf Kretas?

Das war eine Frage, die mich irgendwann in den 80er-Jahren des vorigen Jahrhunderts beschäftigt hat. Kurz, ich wollte einen Film drehen mit dem Titel ›Eine kretische Bauernfamilie‹. Damals arbeitete eine Studentin der Byzantinistik, die Wissenschaft vom mittelalterlichen Griechenland, für uns, die lange Jahre ihres Studiums natürlich in Griechenland verbracht und infolgedessen mit Griechen umzugehen gelernt hatte. Diese Studentin, nennen wir sie Anna, schickte ich nach Kreta, um eine geeignete Familie zu finden. Sie hatte den Auftrag, sich mit einem kretischen Freund, der im Westteil der Insel daheim ist, in Verbindung zu setzen, um die Familie zu finden.

Nach einem Monat war Anna wieder zurück. Sie hatte gefunden was wir gesucht hatten und sie hatte auch die Zustimmung der Familie und sogar die Drehzeit war festgelegt. Also reisten wir nach Kreta.

Wir kamen in Rhodovani an einem Sonntagmorgen an. Wenn man die Straße von Kandanos nach Rhodovani fährt, kommt man vor dem Dorf an einer kleinen Kirche vorbei, die inmitten des Friedhofs steht. Beides liegt hoch über dem Dorf. An diesem Tag fand in dieser Kirche ein Gedächtnisgottesdienst für die Toten unserer Gastfamilie statt. Das wollten wir aufnehmen. Obwohl wir nicht gerade pünktlich waren, machten wir – der Kameramann, sein Assistent, der Toningenieur und ich – uns sogleich daran, den Gottesdienst zu filmen. Die Kirche war ziemlich voll. Um es genau zu sagen: Wie es in Griechenland üblich ist, saßen die Männer draußen auf dem Kirchhof auf einem Mäuerchen, rauchten und unterhielten sich, indes Frauen, Kinder und alte Leute in der Kirche dem Gottesdienst folgten. Der Kameramann, sein Assistent und der Toningenieur folgten dem Pfarrer vor der Ikonostase. Der Pfarrer war daran, die so

genannte Artoklasia zu vollziehen, d.h. Brot, Wein und Öl zu weihen, um sie dann an die Gläubigen zu verteilen. Vor einer orthodoxen Bilderwand der Ikonostase hängt für jede Ikone eine Öllampe, deren Brennen die Präsenz des auf der Ikone Abgebildeten symbolisiert. Das kleine Kirchlein war sehr voll. Der Toningenieur hob an einer Stange, ›Angel‹ genannt, sein Mikrophon hoch über Kameramann und Priester, um dessen Gebete und Gesang aufzunehmen. Dabei stieß das Mikrophon an eine der brennenden Öllampen, die ihr heißes Öl über Kopf und Schultern des Kameraassistenten ergoss. Der gab einen lauten Schrei von sich und verschwand aus der Kirche. Das war unser erster Auftritt in Rhodovani. Die Gottesdienstbesucher lachten, der Pfarrer auch. Dann weihte er das Brot, das Öl und den Wein. Die Gaben wurden verteilt und wir lernten unsere Familie kennen. Den Großvater und Familienoberhaupt, Efthymios, ein Mann hoch in den Siebzigern, seine Frau, Evangelia, bestimmt zehn Jahre jünger, zwei ledige Schwestern des Familienoberhaupts, unbestimmten Alters (»sie sind in der Türkenzeit geboren, da hat man die Geburt von Mädchen nicht aufgezeichnet!«). Die Familie schätzte sie auf 92 und 96 Jahre. Dann der Sohn und Bauer, Jianni, um die 30, seine Frau Toula, Anfang 20. »Sie war in Athen auf dem Telefonamt. Da hab ich sie gefunden und mitgenommen.« Toula stammt vom Peloponnes und hat eigentlich mit dem Bergbauern-Dasein von Haus aus nichts zu tun – und schließlich die kleine Eleni, 8 Jahre alt. »Wenn sie ins Gymnasium gehen muss, dann ist Schluss mit Rhodovani, dann ziehen wir nach Chania und ich suche mir dort eine Arbeit.«
Aber an diesem Morgen ist die ganze Großfamilie in der Kirche, Schwestern und Brüder der Mutter, Jiannis Vettern und Cousinen. Einer stellt sich als Polizist aus Chania vor, dem wir natürlich sofort unsere Autos ans Herz legen, falls sie einmal falsch geparkt sind. Alle haben ein Stück von dem geweihten Brot empfangen, es ist gelb und locker wie Kuchen, Aniskörner sind im Teig und es schmeckt wunderbar. Natürlich findet sich auch eine Flasche mit rotem Wein. Einer der Vettern aus dem Nachbardorf hat daran gedacht und an die notwendigen Pappbecher. Familienfest auf dem Friedhof.
Wir lernen den Pfarrer kennen, er lädt uns ein, ihn und seine Frau zu besuchen, preist den von ihm selbst angebauten Wein und die Kochkunst seiner Frau. Orthodoxe Priester sind verheiratet und ihr geringes Gehalt zwingt sie, mit ein wenig Landwirtschaft über die Runden zu kommen. Aber vorläufig müssen wir noch mit dem Patriarchen unserer Familie, mit Efthymios, in sein Kafenion, das er in Rhodovani an der staubigen Hauptstraße betreibt. Dort sitzen bereits die Männer des Dorfes bei einem Kafedaki und einem Glas Wasser, Sonntagsvergnügen. Der Arzt von Rhodovani ist auch da. Wir kommen ins Gespräch. Ich frage ihn nach Krankheiten. Er hat nicht viel zu tun. »Unter 60 Jahren sind die Menschen hier gesund.« Ich frage nach dem Grund. »Das Olivenöl, wissen Sie. Keine Herz- und keine Kreislaufprobleme. Höchstens einmal eine Grippe. Das ist alles. Nichts Ernstes.«

Anna drängt uns: »Es ist Zeit zum Mittagessen«. Wir gehen zum Haus unserer Familie, ein merkwürdiges Haus, eigentlich zwei. Da ist ein niedriges Haus aus Lehm mit einem Rauchauslass und offenem Dach und ein neues Haus, höchstens zwei bis drei Jahre alt. Dort werden wir hineingebeten. Ein großer Raum, der offenbar zum Wohnen und Schlafen dient, und ein Nebenraum mit Schlafstelle. Der Tisch ist gedeckt, ein weißes Tischtuch, rechts neben jedem Teller liegt eine Scheibe Brot mit der Bauchseite gegen den Teller, eine neutrale Situation. Läge das Brot mit der Bauchseite gegen die Gäste, so würde das bedeuten: wir bewirten euch, weil es die Gastfreundschaft gebietet, aber willkommen seid ihr uns nicht. Anna erklärt das uns. Sie kennt bereits die feineren Bräuche der Griechen.
Und dann gibt es eine wunderbare Fleischsuppe und das, was zum Festessen bei den Griechen gehört: ein gebratenes Lamm und gebackene Kartoffeln und viel Rotwein und Wasser. Und natürlich Tzatziki und ein herrlicher Salat aus Tomaten, Gurken und Schafskäse,

ganze Berge von Schafskäse. Das Dessert besteht aus Joghurt, übergossen mit Thymianhonig – der nirgends besser schmeckt, als hier an der Südküste Kretas, wo schon die Sonne Afrikas scheint und die Blumen aromatischer macht als anderswo – und Nüssen und natürlich auch Kaffee, griechischem Kaffee.

Wir sitzen dann vor dem Haus, die ganze Familie, auch die beiden alten Tanten sind dazugekommen und wir Fernsehmenschen, und sprechen über dies und das.

Am späten Nachmittag sind wir beim Pfarrer, der uns mit Kuchen bewirtet und Kaffee. Danach fahren wir zurück in unser Hotel auf der Nordseite der Insel. Unterwegs kommen wir an einer Käserei vorbei. Dort wird Kefalotiri gemacht, ein Hartkäse wie die Alpkäse der Schweiz. Im 19. Jahrhundert waren Schweizer Sennen auf Kreta und haben die Hirten das Käsemachen gelehrt.

Am anderen Morgen sind wir frühzeitig in Rhodovani. Heute dürfen wir auch in die Küche. Schwarz verräuchert ist sie. So dunkel, dass es fast nicht möglich ist, Videobilder zu machen. Selbst das Licht der Scheinwerfer wird vom Ruß geschluckt. Ein Webstuhl steht im Raum. Zwei Schlafstellen. Die Tanten schlafen da. Im Hintergrund erkennt man auf der Erde eine Feuerstelle. Das ist der Herd der Großmutter. Und ein Backofen. Reisig brennt darin. Die alten Tanten bringen von draußen Reisigbündel, brechen die Äste mit ihren alten faltigen Händen.
Evangelia hat Teig gemacht und sie ist daran, ihn in einem hölzernen Trog zu kneten. Schwerarbeit! Der Schweiß steht ihr auf der Stirn. Die junge Bäuerin, Toula, löst sie ab und bearbeitet den Teig mit den Fäusten. Eleni, das Kind, schaut zu. Als der Teig fertig zu werden beginnt, bekommt Eleni einen kleinen Teigball, den sie bearbeiten darf. Eine künftige Bäuerin muss früh lernen. Indessen macht die Großmutter Laibe, die sie mit eingeweichtem Sesam bestreut. Das Brot muss noch gehen auf einem Brett, zugedeckt mit einem feuchten Tuch. Eine der alten Tanten kommt gebückt herein, trägt auf dem Rücken ein Bündel Reisig, das wird in den Ofen geschoben, brennt sofort lodernd.
Ein Rest Teig ist übrig geblieben. »Das gibt Kalzunia«, sagt sie und dann macht sie sich daran, die Kalzunia-Küchlein herzustellen. Sie wallt den Teig aus, schneidet mit dem Teigrädchen Vierecke heraus. Sie werden mit Ziegenfrischkäse belegt, den Toula mit Kräutern zubereitet hat, dann werden sie zusammengefaltet, mit Ei bestrichen, kommen auf ein einfaches Stück Blech. Die Kalzunia werden sofort gebacken. Einfach auf dem Blech über dem Herdfeuer. Es duftet! Nach einiger Zeit werden sie umgedreht. Eleni darf probieren. Sie verlangt Honig dazu. Wie jedes Einzelkind wird Eleni verwöhnt. Toula holt von dem herrlichen Thymianhonig und gießt sie über die Kalzunia der Tochter. Sie isst ein Stück, den Rest lässt sie liegen.
Wieder kommt eine der alten Tanten herein. Sie bringt frische Eier. Sie hat die Nester der Hühner geplündert, für die Jianni ein großes Maschendrahtgatter gebaut hat zum Schutz vor Raubvögel.

Inzwischen ist das Brot gegangen, der Backofen heiß, die Steine glühen weiß. Evangelia schiebt die Brote hinein. Dann schließt sie mit einem Blech den Ofen. Sie bekreuzigt sich. Der Segen für das tägliche Brot.

Die beiden alten Frauen haben inzwischen einen Esel gerichtet. Zwei Säcke liegen über seinem Sattel, eine Wasserflasche hängt daran. Sie werden jetzt in den Olivenhain gehen und den ganzen Tag die reifen Oliven aufheben, die auf den Weg gefallen sind.
Die übrigen Oliven holen Jianni und Toula. Jianni hat einen Dreiradkarren, den besteigen er und Toula und dann fahren sie miteinander in den Olivenhain. Die Erde unter den Bäumen ist mit einem sehr feinmaschigen Drahtnetz bedeckt. Toula und Jianni schütteln die Bäume. Die reifen Oliven fallen auf das Netz und kommen von dort in Säcke. »Weißt du«, erklärt mir Jianni, »nur die reifen Oliven kommen jeweils in die Ölmühle. Des-

wegen dauert bei uns die Ernte auch von November bis Mai. Und in den unterschiedlichen Monaten hat das Öl unterschiedliche Qualität.«

Ein wesentlicher Unterschied zu anderen Öl-Anbaugebieten, wo – wie in Italien – alle Oliven auf einmal von den Bäumen geschlagen werden. Ich bilde mir ein, das Öl aus den jeweils reifen Oliven sei besser.
Ich fahre mit Jianni auf seinem Dreirad mit den Olivensäcken in die Mühle. Die Oliven werden in lauwarmem Wasser gewaschen, dann werden sie zerquetscht, mit nicht zu heißem Wasser übergossen und in einer Zentrifuge wird zunächst Öl und Wasser abgeschleudert und dann Wasser und Öl getrennt. Aus der Maschine läuft am Ende ein dicker Strahl reinen Olivenöls. Jianni zieht ein Stück Brot aus der Tasche, hält es unter den Olivenölstrahl, um dann zu probieren. Er ist zufrieden. »Das Öl hat je nach Erntezeit unterschiedliche Säuregrade. Das feinste Öl mit 0 bis 1% Säure hat für uns Griechen zu wenig Charakter. Das verwenden wir höchstens zum Frittieren. In der griechischen Küche verwendet man Öl zwischen 1 und 2% Säure, das auch recht nach Olivenöl schmeckt.«
»Wie viel Öl verkaufst du im Jahr?«
»Ca. 8000 Liter. Aber meine Bäume tragen nur alle zwei Jahre!«
»Was bekommst du für den Liter?«
»So um die 5000 Drachmen.« Das sind nicht ganz 5 DM.
»Wie viel Öl behältst du für dich und euren Haushalt?«
»400 Liter pro Jahr.«
Ich rechne kurz, 400 Liter für sechs erwachsene Personen und ein Kind, d.h. mehr als ein Liter pro Tag. Ganz schön viel.

Wir fahren miteinander auf dem Dreirad heim. Jianni und ich. Die Kameraleute haben für heute schon ihre Arbeit getan und sind mit ihrem Wagen zum Hotel gefahren. Anna wartet auf mich bei Evangelia. Sie sitzen mit den Nachbarfrauen im Hof und machen Handarbeiten. Sie sticken Taschentücher und Deckchen. Der Erzbischof hat eine Vertriebsorganisation aufgebaut, die diese Arbeiten der Bauersfrauen unter die Leute, sprich die Touristen, bringt. Der Hof ist schattig. In abgeschnittenen Ölkanistern wuchern rot blühende Geranien, in einer Ecke blüht ein Jasminstrauch und duftet hinauf bis auf die Straße. Eine Katze spielt mit einem Baumwollknäuel.

Indessen bin ich noch mit Jianni unterwegs. »Schau mal, das ist mein Taschengeld«, sagt Jianni und zieht aus der Tasche seiner ölverschmierten Jeans eine Hand voll antiker Münzen.
»Die finde ich, wenn ich auf unseren Äckern pflüge«, sagt er.
Hinter Rhodovani erhebt sich ein Hügel, grasbewachsen, und ein paar Johannisbrotbäume stehen dort. Der Hügel ist die Akropolis einer antiken Stadt. Noch ist sie weder ausgegraben noch erforscht, wie so vieles auf Kreta, dessen Boden Geschichte schichtenweise enthält.

Und dann passiert mir etwas, was ich leider oft erlebe. Ich werde das Opfer meiner Zurückhaltung. Natürlich hätte ich gerne eine der Münzen als Souvenir. Wenn ich jetzt Jianni bitte, mir eine zu verkaufen, dann wird er sie mir aus purer Gastfreundschaft entweder schenken oder weit unter Preis verkaufen, was auf dasselbe hinausläuft. Da ich beides nicht möchte, um auch keinen Schatten auf unser gutes Verhältnis fallen zu lassen, mime ich Desinteresse an ›so altem Klump‹. Dabei bräuchte ich mich gar nicht so zu genieren, denn Jianni ist nicht eigentlich arm. Neben seiner Landwirtschaft ist er im Nebenberuf Ratschreiber. Das bringt ihm ein kleines, aber regelmäßiges Einkommen an Bargeld. Dann ist da schließlich auch noch das Kafenion des Vaters, an dem die Familie sicherlich partizipiert. Evangelia hat mit ihrer Stickerei ja auch ein kleines Einkommen.

Toula erzählt mir, dass sie und Jianni hin und wieder einfach keine Lust zum Arbeiten haben. Dann gehen sie beide auf die Jagd – natürlich gibt es in der Familie mindestens zwei Jagdflinten, Kreter sind grundsätzlich bewaffnet – oder sie gehen zum Fischen und auch nur ein-

fach zum Schwimmen, drunten in der Bucht von Suglia, die azurblau ist mit Türkis an den Untiefen. Auf jeden Fall bringen die Jagd und der Fischfang manchen Sonntagsbraten und manches Fischgericht, wobei Jianni die großen Langusten, die er vor Suglia fängt, an Maria verkauft, das ist die Wirtin der Taverne direkt am Strand unter schattigen Sykomoren. Und auf Kreta versteht man sich auf wunderbare Fischgerichte mit und ohne Langusten.

Aber zurück zu Toula. Sie ist eine moderne Frau. In Griechenland fängt die neue Zeit eher bei den Frauen an als bei den Männern. Die haben Macho-Privilegien zu verteidigen. Jianni unternimmt nichts, ohne mit Toula vorher geredet zu haben. Er weiß, was er an Toula hat, schließlich ist die größte Schwierigkeit der griechischen Bergbauern, wie übrigens anderswo in Europa auch, eine Frau zu finden. Bergbäuerin sein, bedeutet schwer arbeiten müssen und bedeutet Verzicht auf viele Annehmlichkeiten und Vergnügen. Moderne Mädchen möchten weder das eine noch das andere. Toula geht mit Jianni in den Olivenhain zur Ernte. Sie geht mit ihm auf den Acker, zum Pflügen, Säen und Ernten, auf die Wiese zum Heuen und sie geht mit ihm auf die Jagd und zum Fischfang.

Evangelia, Jiannis Mutter, gehört noch zur alten Generation. Sie arbeitet noch jeden Tag vom frühen Morgen bis in die Nacht, so wie sie ein Leben lang hart gearbeitet hat, weil es sich für eine Frau nicht gehörte, auch nur Augenblicke nicht tätig zu sein. Sie hat fürs Essen gesorgt, für den Haushalt, für die Kinder und war zeitlebens von Efthymios abhängig. Sie hat um jede Drachme bitten müssen, um sich ein paar Schuhe zu kaufen oder ein Kleid. Das hat sich jetzt mit den Handarbeiten geändert. Zum ersten Mal hat Evangelia eigenes Geld. Sie sagt es mir voll Stolz. In ihrer Jugend, so erzählt sie, gab es noch die Blutrache. 49 ihrer männlichen Verwandten wurden in einer solchen Blutrache getötet. Darunter ein Lehrer, der vor seiner Klasse erschossen wurde. Und das alles, weil einer aus der Familie ein Mädchen aus einer anderen Familie verführt und sitzen gelassen hatte. Aber auch das ist alte Wirklichkeit: Die beiden 90-jährigen Schwestern von Efthymios haben nie geheiratet, darum war es die Pflicht von Efthymios und seiner Frau, ein Leben lang für sie zu sorgen. Sie haben dafür ihre Arbeitskraft eingebracht, so wie sie heute noch mit ihren alten Rücken täglich Oliven aufheben vom Weg. Noch funktioniert in Griechenland das soziale Netz Familie, macht viele soziale und karitative Einrichtungen, die hierzulande unverzichtbar sind, unnötig. Leider wird sich das ändern, im gleichen Maß wie die moderne Zeit in Griechenland fortschreitet.

Die Familie isst das Abendessen. Anna und ich sind selbstverständlich eingeladen. Es ist das einfache Essen griechischer Bauern: Brot, eingelegte Oliven, Wein, ein Stück Feta-Käse, Tomaten. Ich frage, wie man die Oliven einlegt. Sie bekommen mit dem Messer einen Einschnitt und liegen für eine Woche in immer wieder erneuertem frischem Wasser. Das entzieht ihnen die Bitterstoffe. Dann verfährt man mit den Oliven so, wie wir es vom Sauerkraut einmachen kennen: eine Schicht Oliven, Salz, so lange drücken bis die Oliven Saft ziehen, die nächste Schicht Oliven, Salz usw. Kräuter werden noch mit eingelegt. Aber das gehört schon zu den Geheimnissen der einzelnen Hausfrauen. Und das größte Geheimnis verrät mir Jianni. Eingelegte Oliven sind dann am besten, wenn man sie mit Meersalz einmacht. Aber Meersalz kann man nicht kaufen, das muss man selber machen. Dazu haben die Bauern an verborgener Stelle des Strandes, drunten in Suglia, flache Pfannen in den Uferfelsen. Die werden mit Meerwasser gefüllt, den Rest erledigt die heiße Sonne. Dieses Salz, dessen Herstellung natürlich von der griechischen Finanzbehörde streng untersagt ist, ist wie gesagt das allerbeste, um Oliven einzulegen. Natürlich enthält das unraffinierte Meersalz außer Natriumchlorid, dem Speisesalz, noch ein paar andere Salze, die es würzig machen. Vielleicht ist es auch die Würze des Verbotenen, die dieses Salz so gut macht.

Eine Frau für den König

Es war einmal vor langer Zeit ein kleines Königreich in den Bergen. Es wurde regiert von dem guten König René, der jeden Tag aus seinem Schloss hinausritt in die Stadt und auf dem Marktplatz sich unter die Menschen mischte, die dort dabei waren, das Gemüse einzukaufen für das Mittagessen. Er ging in die Wirtschaft ›zum Ochsen‹, die am Marktplatz war, und setzte sich zu den Handwerkern an ihren Stammtisch, die morgens um 9.00 Uhr ein Viertele tranken und eine Portion Saures Leberle aßen. Denn sie hatten schon am Morgen viel gearbeitet, nachdem sie früh aufgestanden waren. Er ritt vor die Stadt und er unterhielt sich unterwegs mit den Frauen, die am kleinen Fluss die Wäsche wuschen und er stieg beim Schäfer von seinem Pferd ab und unterhielt sich mit ihm. Er ging in die Dörfer und sprach mit den Bauern und mit den Bürgermeistern.

Alle Leute im kleinen Königreich waren zufrieden mit ihrem König, ja sie liebten ihn und wenn er Geburtstag hatte, dann bekam er von allen etwas geschenkt. Von den Marktfrauen das allerfeinste Gemüse und die frischesten Eier, von den Handwerkern einen neuen Schrank für den Thronsaal oder ein neues Kissen für den Thron, eben etwas, worüber sich ein König freuen konnte.
Die Bauern in den Dörfern schickten ihm geräucherte Speckseiten und Schinken und ganze Käseräder. So wäre alles gut gegangen, wenn, ja wenn der König nur eine Frau gehabt hätte. Er war noch ein junger König und er hatte erst vor wenigen Jahren die Herrschaft von seinem Vater, dem alten König, übernommen, bevor dieser mit der Königin auf Reisen ging und sich jetzt meistens in Spanien aufhielt, wo Könige ohne Amt meistens hingehen.
Kurz, unser König René hatte bisher noch keine Gelegenheit gefunden, eine Frau zu heiraten. Das war ja auch schwierig, denn schließlich gab es in seinem

Königreich mindestens zwei Dutzend ansehnlicher Mädchen, die gerade gewachsen, die richtigen Rundungen an den richtigen Stellen hatten, geistig über die Lektüre von Kinderbüchern hinausgekommen waren, auch eine fünfstellige Zahl durch zwei zu teilen vermochten, Mozart nicht gerade für einen Schokoladehersteller und

Goethe für keinen Zuckerbäcker hielten, während des Frühstücks mit ihren Fingern nirgends bohrten – kurz, die man notfalls als Königin vorzeigen konnte. Aber er fürchtete sich vor den Frauen. In diesem Fall vor den jeweils elf Verschmähten, ihrem Neid und ihrer Rachsucht und dem entsprechend noch größeren Neid und der noch größeren Rachsucht der dazugehörigen Mütter. Und ganz unter uns bemerkt, hätte René auch vor der einen Angst, die er ausgewählt hätte, denn er war von einem frommen Einsiedler erzogen worden, der ihm stets einschärfte, dass das langhaarige Geschlecht des Teufels sei und jeden anständigen Burschen verderbe, ganz abgesehen, dass der Geruch der Hölle von den Weibern ausgehe, wie er zu sagen pflegte. Und er sagte auch: »Frauen sind wie Pech. Wenn du dich einmal auf sie einlässt, bekommst du sie nie wieder los. Und sie wollen immer mehr. Sie sind wie menschenfressende Ungeheuer, also genau gesagt, Männer fressende.«

Die Atmosphäre von Zufriedenheit, die im kleinen Königreich herrschte, wäre mit einem Schlag dahin gewesen, hätte er sich für eines dieser Mädchen entschieden.

»Ich gehöre dem Volk«, pflegte er zu seinem Vertrauten, dem königlichen Oberjäger zu sagen, der zwar verheiratet war, aber gewisse Hütten im Wald kannte, wo es manchmal – wie René aus den Geheimberichten seiner Polizei wusste – recht munter zuging. Das hätte ihn schon gereizt, aber wie hatte der Einsiedler gesagt: »René, sie nehmen dir zunächst ein kleines Stück und dann wollen sie immer mehr!«

Nun gehört es ja zu den Aufgaben eines Königs, gelegentlich ins Ausland zu reisen, um dort seine Kollegen zu besuchen, das nennt man Diplomatie. Zwar war sein Königreich nicht allzu groß, aber er schien dem einen oder anderen seiner älteren Kollegen, die Töchter unter die Haube zu bringen hatten, durchaus als bemerkenswerte Partie. Nun wäre er natürlich durch die Wahl einer ausländischen Frau von einem Teil seiner Bedenken frei gewesen.

»Es könnte aber sein, dass Ihr dann alle Frauen Eures Reiches gegen Euch habt, die sagen werden, von uns war ihm keine recht.« Diesen Einwand brachte sein Sekretär vor, wenn es wieder um eine Reise in ein entsprechendes Land ging.

Unser König René fand, auch dieses Argument wäre nicht ohne weiteres von der Hand zu weisen. Und wenn dann erst sein Säckelmeister zu ihm kam, der Hüter der Steuereinnahmen und des Kronschatzes – der stammte aus einer südlich gelegenen Bergregion und hütete jeden Cent wie seinen Augapfel –, dann lobte der ihn für seine persönliche Bedürfnislosigkeit und fügte stets hinzu: »Wie froh bin ich, mein König, dass Ihr keine Frau habt, denn dann ginge das Geldausgeben sofort los, angefangen von einer aufwändigen Hochzeit, vom Brautkleid will ich gar nicht reden, bis hin zum Schmuck, den Ihr der Dame wöchentlich kaufen müsst, den Kleidern, den Schuhen, dem, was drunter und drüber gehört und dem Friseur. Ihr geht alle Halbjahr zu unserem Stadtfriseur, zu dem wir alle gehen, aber für eine Königin, da müsste ich ja aus Paris eine Coiffeuse kommen lassen, die jeden Morgen die Königin onduliert und toupiert. Es bliebe uns gar nichts anderes übrig, als die Steuern zu erhöhen. Dann nähme die Zahl der ausländischen Investoren in unserem Land ab, unser Wohlstand ginge zurück, die Zufriedenheit mit König und Regierung, und über kurz oder lang hätten wir die schönste Republik. Nein, nein, bitte bleibt Junggeselle.«

So ging es auch eine lange Zeit. Die Jahre verflossen. Die Schläfen von König René wurden allmählich grau, es waren nicht mehr die ganz jungen Mädchen, die ihm nachschauten, wenn er durch das Städtlein ritt, es waren die etwas reiferen Damen, dafür tat ihm auch das eine oder andere weh und einmal im Jahr musste er an den Tegernsee, um im Jägerwinkel ein paar Kilo abzufasten.

Einmal im Monat kam der Thronrat zusammen, mit dem König René die wichtigsten anstehenden Probleme

des kleinen Königreichs erörterte. Das war Routine – jahraus, jahrein. König René erörterte in einer Rede die Lage der Nation, die eine oder andere Maßnahme wurde beschlossen und dann ging er zufrieden zum Mittagessen, das im großen Speisesaal neben dem Thronsaal gerichtet war. Nudelsuppe, Königinpastetchen, Bratwürste und Kartoffelsalat, ein Rindsbraten mit Nudeln und als Dessert Walderdbeeren mit süßer Sahne. Und über alles streute König René viel Käse. Er liebte Käse. Natürlich nicht über die Walderdbeeren.
Übrigens: Die gleiche Speisefolge gab es seit Jahren bei dieser Gelegenheit. Sie war vor etwa 35 Jahren, kurz nach der Hochzeit seiner Eltern, auf Initiative der neuen Königin eingeführt worden, nachdem es vorher überhaupt nur Kartoffelsalat und Bratwürste gegeben hatte. Nach dem Traditionsgang, den Bratwürsten mit Kartoffelsalat, zu dem jeden Monat der königliche Braumeister ein Fass Starkbier brauen musste, waren die Zungen des Thronrates etwas gelockert. Der Innenminister sagte plötzlich und ohne Vorbereitung: »Ich hab' Sorge für den Fortbestand unseres politischen Systems.«
»Wie«, fragte der König, »wie meint Ihr das?«
Der Innenminister sagte: »Es ist allerhöchste Zeit, dass unser König heiratet und mit gutem Vorbild vorangeht. Die Zahl der Eheschließungen nimmt ab. Wenn nicht überhaupt etwas für die Popularität unseres Königshauses gemacht wird, dann werden wir über kurz oder lang eine Revolution haben und aus ist's mit der Monarchie.«
Mehrere Mitglieder des Thronrates meldeten sich zu Wort. Der Bauminister wies darauf hin, dass auch der Bau von Eigenheimen zurückginge, der Finanzminister befürchtete den Rückgang des Steuereinkommens, der Vertreter der örtlichen Presse aber rief in den beginnenden Tumult hinein: »Was wir brauchen ist eine PR-Agentur. Wir brauchen eine entsprechende Beratung.«
Der Finanzminister wies diesen Vorschlag sofort wegen der zu befürchtenden Kosten zurück, aber auch andere, jüngere Mitglieder des Thronrates riefen nach entsprechenden PR-Maßnahmen.

»Ich hab's«, sagte der Bischof mit seiner tiefen Stimme, deren Herkunft aus vielen Fässern Rotwein nicht zu verkennen waren: »Unser König muss heiraten. Das ist er seinem Volk als moralisches Vorbild schuldig. Und eine Hochzeit in unserer Kathedrale bringt die Leute wieder in die Kirche, macht den jungen Paaren Lust zu heiraten und möglichst bald auch Kinder zu taufen.«
Der Finanzminister war blass und er rief: »Denkt an die Kosten, denkt an die Kosten!«
Die einzige Frau im Thronrat, die ganz unten am Tisch saß – sie war die Sekretärin des Kanzlers –, rief entzückt das eine oder andere Mal: »Oh wie schön, oh wie schön!«
Nur der König rutschte auf seinem Sessel hin und her, als säße er auf einer glühenden Herdplatte und vor lauter Verlegenheit verdrückte er drei Paar Bratwürste hintereinander. Der Schweiß stand ihm auf der Stirn und er raufte sich die Haare und ließ sich schließlich zu einer Erklärung hinreißen des Inhalts, dass er gegebenenfalls schon bereit wäre, sich zu opfern zum Wohle des Volkes und der Nation.
»Aber ihr müsst für eine Frau sorgen«, sagte er ganz unprotokollarisch, was dazu führte, dass der Thronrat auf die Tagesordnung der nächsten Sitzung die Berufung einer Königin-Findungs-Kommission unter dem Vorsitz des Erzbischofs setzte.
Beruhigt lehnte sich der König zurück, trank ein ganzes Glas vom königlichen Starkbier. Eine Kommission, das waren viele geschenkte Monate, wenn nicht gar Jahre, denn die Kommission musste ja tagen und tagen und tagen, wie es zum Wesen einer Kommission gehört.

Aber die Kommission kam schneller zu Ergebnissen als König René gehofft hatte. Das erste Ergebnis, das die Königin-Findungs-Kommission dem Thronrat vorlegte, war eine Liste mit 83 Forderungen an den Charakter der Königin. König René gab die Liste seinem Finanzminister, der im Umgang mit Negativlisten und beim Streichen von Posten ein glückliches Händchen hatte, und beauftragte ihn, die Liste auf ein überschaubares

Maß zu bringen. Der Finanzminister erledigte diesen Auftrag von einer Sitzung des Thronrates auf die andere und nun lautete die Empfehlung der Königin-Findungs-Kommission folgendermaßen:
1. Die Königin muss sparsam sein
2. Sie muss in der Lage sein, mit einfachen, preiswerten Dingen umzugehen
3. Sie muss das Einfache lieben.

Der Thronrat stimmte zu und jetzt blieb nur noch die Frage: woher nehmen?
Natürlich konnte man dieses Anforderungsprofil in der größten Zeitung des Landes als Annonce veröffentlichen, aber man wollte ja ganz bewusst auch ausländische Bewerberinnen nicht ausschließen.
Also entschied man sich gegen den Widerstand des Finanzministers, in allen größeren Blättern des In- und Auslandes eine Annonce folgenden Inhalts aufzugeben:

›*Gesucht wird eine Königin. Bewerberinnen müssen in der Lage sein, die herkömmlichen Aufgaben und Pflichten dieses Amtes zur Zufriedenheit unseres Volkes und unseres Königs zu erfüllen. Sie sollte die bei diesem Amt zu erwartende weibliche Schönheit, Charme und notwendige Intelligenz besitzen. Bewerberinnen melden sich mit Bild und Referenzen beim Sekretariat der Kanzlei des Königs.*‹

In den darauf folgenden zwei Wochen brach die Königliche Post des Königreiches zusammen. Mit schweren Lastwagen, bespannt mit sechs Pferden, mussten die Postsäcke an der Grenze abgeholt werden. Hinzu kamen die Bewerbungsschreiben, die aus den einzelnen Orten des Königreiches selber einliefen. Jedenfalls lagen nach Ablauf von drei Wochen 15.724 Briefe bei der Staatskanzlei vor.
Der Kanzler erstattete seinem König jeden Morgen Bericht und mit jedem Anwachsen der Zahl wurde der Kanzler depressiver, denn wer sollte die Briefe lesen? Der König sicher nicht, also blieb er allein übrig.

Als der Thronrat wieder zusammentrat, machte er den Vorschlag, die größte Halle des Landes zu mieten und auf einem gewaltigen Ball alle 15.724 Damen mit dem König zusammenzubringen.

Der König verließ wortlos den Thronrat, um Trost beim Einsiedler zu suchen. Das nützte ihm wenig. In den folgenden Nächten träumte er schreckliche Träume von tausenden von Frauen, die ihre Hände gierig nach ihm ausstreckten. Schweißgebadet wachte er auf.

Bei der nächsten Sitzung des Thronrates teilte er mit, er ginge ins Kloster, verzichte auf den Thron, überlasse sein Land der Demokratie, aber bitte nicht diese Königin-Findungs-Geschichte.
Mit Mühe brachte der Thronrat ihn davon ab.
Der hatte inzwischen eingesehen, dass es keine entsprechende Halle gab und dass die Veranstaltung eines solchen Festes ohnehin ein Fehlweg wäre, schon wegen der Kosten.

König René allerdings ließ den königlichen Sonderwagen an den planmäßigen Schnellzug ›Wien-Madrid‹ anhängen und reiste zu seinen Eltern nach Spanien, um seiner Mutter sein Leid zu klagen.

Am anderen Morgen beim Frühstück auf der Hotelterrasse, man konnte weit über das im Sonnenlicht glitzernde Meer schauen, sagte die Königinmutter: »Hubert«, sie meinte dabei den König, »Hubert, ich habe ja gleich gewusst, dass es nicht gut geht, wenn wir den Bub' mit unserem Land allein lassen. Morgen fahren wir heim und dann kümmere ich mich selbst um die Angelegenheit. Da ist ja niemand, der weiß wie man so etwas macht.«

Also wurde der königliche Salonwagen diesmal an den Schnellzug ›Madrid-Wien‹ angehängt und als sie die Hauptstadt ihres kleinen Reiches erreichten, stand der gesamte Thronrat, die Regierung, angeführt vom Kanzler, die Honoratioren und Bürgermeister auf dem Bahnsteig und die königliche Kapelle spielte ›Freude schöner Götterfunken …‹. Der Kirchenchor der Kathedrale sang den Text.
Reden wurden gehalten. Zuerst vom Kanzler, dann vom König, dann vom alten König, dann vom Oberbürgermeister der Hauptstadt, dann von einer Ehrenjungfer. Schließlich zogen sie durch die mit Girlanden geschmückte Hauptstraße zum Schloss. Die Kinder hatten schulfrei und der Finanzminister hatte ihnen kleine Fähnchen in den Landesfarben bewilligt und eine Salzbrezel mit einer Coca-Cola. Alle waren froh, dass der König wieder da war.
Gleich am nächsten Tag tagten der Thronrat und die Regierung und alle anhängigen Regierungsgeschäfte wurden erledigt. Voller Befriedigung aßen sie das traditionelle Sitzungsessen.

Für den Nachmittag aber hatte die Königinmutter ihre Freundinnen zu Kaffee und Torte ins Schlosscafé eingeladen. Dort saßen sie im Nebenzimmer, zuerst wurden Neuigkeiten ausgetauscht, zum Schluss kam die Königinmutter mit ihrem Problem: die Frau für den Sohn. Die Diskussion, die jetzt begann, die war schon auf einem höheren Niveau als alles, was bisher zu dem Thema gesagt worden war. Schließlich waren auch die entsprechenden Mütter anwesend. Um es genau zu sagen: Es wurden überhaupt keine anderen denkbaren Bräute diskutiert, als solche, deren Mütter anwesend waren. Man einigte sich relativ schnell auf drei Namen bzw. drei Mädchen. Schließlich müsse der König auch eine Auswahl haben, sonst hätte er am Ende ja das Gefühl, zu seinem Glück gezwungen worden zu sein. Dabei wusste seine Mutter schon in ihrem Herzen, welches der drei Mädchen überhaupt nur in Betracht kam.

Die drei Mädchen wurden ins Schloss bestellt. Die Königin und ihre Freundinnen begutachteten sie, fanden sie ganz passabel.
Die Mädchen wurden dem Erzbischof vorgestellt, dem Rektor der Universität, der Hofzeremonienmeisterin und

schließlich der Königin-Findungs-Kommission. Alle nickten mit ihren weisen Häuptern Beifall. Die Mädchen waren schon recht. Aber es waren halt zwei zu viel.

Jetzt lag es am König, sich eine auszusuchen. Nacheinander kamen die drei Mädchen zur Audienz. Mühsam machten sie Konversation. Der König gähnte und sprach von dringenden Staatsgeschäften, war froh, wenn er sie los war. Dann musste er mit ihnen ins Theater gehen. Die königliche Oper spielte eigens für diesen Zweck ›Così fan tutte‹ und ›die Entführung aus dem Serail‹ und ›die Zauberflöte‹. Aber der König brachte die Mädchen schnell nach Hause. Schließlich kam das Wichtigste: Die Mädchen hatten ihn zum Abendessen einzuladen. Sie kochten und brieten und sotten und backten. Kochten die raffiniertesten Rezepte der größten französischen Köche. Der König stocherte lustlos auf seinem Teller herum. Auch das, ein Flop.

Es kam der Tag, da war er diese Brautschau leid. Früh ging er aus dem Schloss in Jeans und Pullover, ging durch seine Hauptstadt, über den Fluss, in den Wald. Nach einiger Zeit kam er an eine große Wiese mit vielen Kühen. Auf einem Gatter saß ein Mädchen. Als er vorbeiging, sagte sie: »Wohin des Wegs, junger Herr?«
Er lachte und sagte: »Der Nase nach.«
»Hoffentlich ist deine Nase gerade genug.«
Und ein Wort ergab das andere und schon saß er bei ihr auf dem Gatter. Sie trug ebenfalls Jeans, darüber einen löcherigen Pullover. Ihre blonden Haare hatte sie hochgesteckt. Sie war barfuß. Sie hütete die Kühe ihres Vaters.
Nach einiger Zeit sagte er: »Jetzt muss ich gehen. Ich hab Hunger.«
Das Mädchen sagte: »Wenn du mit einem Stück Brot zufrieden bist und etwas Käse, kannst du mit mir essen.«
Das tat er. Inzwischen war es heiß geworden, die Sonne stand hoch. Das Mädchen legte sich ins Gras. Er setzte sich dazu. Dann legte er sich auch hin und schaute in die Wolken, die wie eine verstreute Herde Schafe über das Blau des Himmels zogen. Wie viel hatten sie sich zu

erzählen! Dann machte er die Augen zu, schlief ein, wachte auf, weil das Mädchen ihn mit einem Grashalm kitzelte. Er drohte ihr. Sie lief weg. Er lief ihr nach. Sie lief zu einer Scheune am Rande der Weide. Dort war frisches Heu drin. Sie versteckte sich. Er suchte sie. Er fand sie. Und dann, als wäre es nie anders gewesen, entdeckte er all die Möglichkeiten, die ein junger Mann und ein junges schönes Mädchen in einem Heuhaufen haben. Als hätte er alles schon immer gewusst und nicht nur theoretisch von seinem Oberjäger.

Als es Zeit zum Mittagessen war, nahm das Mädchen ihn mit heim. Sie kochte Kartoffeln, machte einen Bibeliskäs dazu. Es schmeckte ihm wie das beste Menü. Als er am Abend zurücktrottete in sein Schloss, war er tief zufrieden.

Seine Mutter schaute ihn beim Abendessen skeptisch an und wusste: Er hatte sich entschieden. Es war nur noch die Frage, für welche. All ihre raffinierten Fragen führten zu nichts.

König René ging von da an jeden Morgen zeitig zu Fuß seinen Weg hinüber zur großen Wiese hinterm Wald. Dann kam die Zeit der Ernte, das Mädchen hatte keine Zeit mehr für ihn und da beschloss er sich zu äußern. Er fragte sie: »Willst du meine Frau werden?«
Aber sie lachte nur und rannte davon, denn sie hatte ihn bis zur Stunde nicht erkannt.

So kam es, dass er mit der großen Staatskarosse im königlichen Ornat, begleitet von einer Kompanie Husaren und der Kapelle, zu Pferd zum Tor hinausfuhr, über den Fluss, zum Wald, auf die Wiese, wo die Bauern beim Heuen waren. Alle liefen herbei, um zu staunen, was da aus dem Wald kam. Auch das Mädchen kam gerannt. Da stieg er aus der Kutsche, nahm sie auf den Arm, setzte sie in die Kutsche, so wie sie war und sagte: »Da bleibst du jetzt sitzen, jetzt geht's ins Schloss und dann wird Hochzeit gehalten.«

Die Königinmutter machte gute Miene zum bösen Spiel, akzeptierte das Mädchen und als es als Braut in die Kathedrale einzog, sagten alle Leute im ganzen Land: »Sie ist die schönste Braut, die wir je gesehen haben!«

* * *

Vom Leben und Sterben eines Mönchs

Es war, als ich das vorletzte Mal den Heiligen Berg besuchte. Die Väter hatten den Landrover nach Daphni geschickt, den Hafen des Athos, wo einmal am Tag, mittags um 12, das Schiff aus Ouranoupolis anlegt. Und das ist auch die Stunde, wo zwischen dem Hand voll Häuser, der Zollstation, der Post, dem Gendarmeriebüro und der Hafenpolizei so etwas wie Leben herrscht. Zuerst kommt der Bus aus Karies, der Hauptstadt der Mönchsrepublik, mit Mönchen die nach Ouranoupolis wollen und dann nach Thessaloniki und sonst wohin, zu mannigfachen geistlichen oder geistigen, mehr oder weniger weltlichen Aufgaben bei Behörden und Institutionen. Mit ihnen kommen die männlichen Pilger und Touristen, deren Aufenthaltserlaubnis für den Heiligen Berg abgelaufen ist und die ausreisen müssen. Ein letztes Bier in der kleinen Schänke, wo schon die Gendarmen und der Postbeamte bei einem Kafedaki und einem Glas Wasser sitzen.

Dann legt das Schiff an, entlädt Lastwagen, Autos, Güter und Mönche, die aus der Welt zurückkehren und Pilger, die fromm tun oder fromm sind und Touristen mit Augen, die gierig sind nach der Sensation dieses außerordentlichen Ortes.

Dann haben die Gendarmen das Gepäck der Ausreisenden durchwühlt: keine Ikonen, keine alten Bücher, keine heiligen Gegenstände, jedenfalls nichts, was dem Staat gehört. Ein Lastwagen mit Bauholz ist auf das Schiff gefahren. Die Mönche sind eingestiegen. Die Touristen auch. Das Schiff legt ab. Der Bus macht sich völlig überladen mit Mönchen und Touristen auf den Rückweg nach Karies über die unbefestigte, ausgefahrene Straße. Der Laden mit den Souvenirs schließt Fenster und Türen mit Klappläden. Der Wirt der Taver-

ne trinkt noch einen Ouzo mit dem Postbeamten, bevor der die Postsäcke sortiert. Dann fällt Daphni wieder in seinen Dauerschlaf bis zum nächsten Tag.

Die beiden Mönche, die mich abzuholen gekommen sind, haben die Post fürs Kloster in Empfang genommen: ein Sack mit Briefen, zwei große Schachteln aus dem Metochion, dem Tochterkloster Ormylia. Ich zwänge mich auf die Bank hinter dem Steuer zu den beiden Mönchen. Auf

der offenen Ladefläche teilen sich sechs junge Griechen den Platz mit den Schachteln aus Ormylia. Der Landrover fährt an. Noch ein kurzer Halt bei der Niederlassung des Klosters in Daphni, wo bis vor wenigen Jahren Vater Gervasius lebte, dessen Dasein ausgefüllt war mit der Sorge für seine 90 Katzen. Aber Vater Gervasius wurde ins Kloster zurückgerufen. Er war zu alt, konnte nicht mehr für sich selbst sorgen.
»Wo sind eigentlich die Katzen von Vater Gervasius hingekommen?«, frage ich einen der beiden Mönche neben mir.
»Verschwunden«, sagt er, »Am selben Tag, wo Vater Gervasius für immer hinauf gefahren ist ins Kloster, sind seine Katzen verschwunden.«
»Alle?«, frage ich.
»Alle!«

Die unbefestigte Straße zum Kloster zieht sich am Steilufer der Halbinsel entlang. In Serpentinen gewinnt sie Höhe, dann zweigen Straßen ab, z.B. die, die zum Wald des Kloster führt, wo Holzfäller damit beschäftigt sind, Bauholz für die Insel Limnos zu schlagen. Das Kloster erhält im Tausch Früchte und Trauben. Trauben, aus denen Vater Visarion den herben Wein des Klosters keltert. Dann geht es eine Zeit lang hoch über dem Meer entlang, die Straße dreht um eine Bergnase und das Kloster liegt unter uns. Dann geht es nur noch bergab, vorbei an der Klause des heiligen Simeon, des Gründers, an der großen Werkstatt und an der neuen Pilgerherberge, die außerhalb des Klosters gebaut worden ist, um die vielen Pilger und Touristen aufzunehmen, die im Sommerhalbjahr den Heiligen Berg überschwemmen.
Wir steigen aus. Die sechs jungen Männer verschwinden mit Windeseile durch das Klostertor, ich folge ihnen langsam. Hinter dem Tor führt ein überdachter, grob gepflasterter Gang hinauf in den Hof des Klosters. Vom Hof des Klosters geht es dann um das Katholikon, die Hauptkirche, herum, über eine schmale Holztreppe hinauf zum Archondarikion. Die sechs jungen Griechen sitzen schon da und einige ältere griechische Pilger, die wohl zu Fuß den Weg vom Kloster Grigoriou heraufgekommen sind. Der Mönch, der die Aufgabe des Archondaris, des Gastvaters, erfüllt, heißt mich Platz nehmen und dann bringt ein Novize Kaffee, Wasser, Lukumi – türkischen Honig – ein Schnäpslein. Das Wasser für den Durst, das sehr süße Lukumi-Stück für den ersten Hunger und dass der Blutzuckerspiegel wieder steigt, der griechische Kaffee für den Kreislauf und das Schnäpslein für das allgemeine Wohlbefinden. Dann weise ich mein Diamoniterion vor, meine Aufenthaltserlaubnis für den Heiligen Berg, trag mich ins Gästebuch ein und der junge Mönch führt mich in eine der Gästezellen. Die jungen Griechen haben einen großen Raum mit sechs Betten zugewiesen bekommen. Dort lassen sie sich etwas lärmend nieder. Ich bin vorläufig allein in meiner Zelle, in der zwei Betten stehen, eine Kommode, ein kleiner Schreibtisch und ein Kleiderhaken.
Dann ruft das Ximantron, ein geschnitztes Holzbrett, auf das ein Mönch mit einem Holzhammer einen eigenartigen Rhythmus schlägt, zur Vesper. Ich bin viel zu früh im Katholikon, begrüße die mir lieben Ikonen. Nach und nach füllt sich der Kirchenraum. Viele Mönche, die ich gut kenne, kommen um mich zu begrüßen, bevor sie in ihre Chorstühle gehen. Nach der Vesper ziehen wir direkt aus der Kirche in den Speisesaal, Abendessen. Es gibt grünen Salat, einen Gemüse-Eintopf, Brot, Oliven, Feta-Käse, Wein und einen Apfel als Dessert – es ist kein Fasttag heute. Darum der Wein, darum die Oliven, darum der Käse.
Nach dem Essen ziehen alle noch einmal hinüber in die Kirche. Ein kurzes abschließendes Gebet und dann streben alle auseinander. In kurzer Zeit ist das Katholikon leer. Draußen auf der Balustrade, wo die Glocke hängt, stehen noch ein paar jüngere Mönche und unterhalten sich halblaut, andere sehe ich im Hof des Klosters.

Ich will mich auf eine der Bänke setzen, hoch über dem Meer, wo man jetzt in die sinkende Sonne schauen kann, die im Westen über der Chalkidiki untergeht. Ich liebe diesen Ort. Vater Makarios kommt zu mir. Ein französischer Mönch, den ich seit bald 20 Jahren kenne. Er war noch Novize, als ich das erste Mal hierher kam und er hat mir sozusagen den Eingang ins Kloster eröffnet. Mit ihm konnte ich französisch sprechen und so durch ihn den Abt kennen lernen, dem ich seit Jahren freundschaftlich verbunden bin. Durch ihn habe ich das Kloster kennen gelernt und viele Mönche. Vater Makarios wurde Mönch und schließlich Priestermönch. Er hält sich nicht lange auf. Das, was er mir erzählen will, muss er los werden.

»Erinnern Sie sich an den Vater Simeon?«, fragt er. »Wahrscheinlich nicht, denn er war in den letzten Jahren nur selten im Kloster. Er hat eines unserer Chatismata bewohnt.«

Ein Chatisma ist ein kleines Haus, das in einiger Entfernung vom Kloster in der Einsamkeit steht, meist auf einem Hügel, und das einzelnen Mönchen auf Wunsch für kürzere oder längerer Zeit als Aufenthaltsort bei ihren intensiven geistlichen Übungen dient. Das Essen wird ihnen vom Kloster gebracht und sie sind von den gemeinsamen Gebeten befreit. Das Chatisma ist mehr als spartanisch eingerichtet. Das Bett kann einfach aus Steinen gemauert sein und der Mönch liegt mit einer dünnen Decke darauf. Manche Mönche aber legen sich gar nicht zum Schlafen nieder, sondern hängen sich für eine kurze Nachtruhe in ein Seil.

»Nein«, sage ich, »ich habe Vater Simeon nicht gekannt.« Vater Makarios erzählt mir, dass er vom Abt den Auftrag bekommen hat, Vater Simeon beim Sterben zu helfen. »Wissen Sie, Vater Simeon war etwas über 20 Jahre im Kloster. Er war schon weit über 50 Jahre, als er eingetreten ist und seitdem er hier war, hat er sich von nichts ernährt als von 20 Oliven und einem Stück Brot täglich. Natürlich hat er Wasser getrunken. Als er jetzt so schwer krank war, hat ihm der Gerontas, der Vater Abt, nahe gelegt doch richtig zu essen. Aber er hat gesagt, er müsse weiter büßen, er hätte in seinem Leben so viele Sünden begangen. Und jede Nacht hat er viele, viele Kniefälle gemacht, seine Knie waren ganz dick von Hornhaut und selbst auf der Stirn hatte er eine dicke Hornhaut. Auch diese Bußübungen hat er fortgesetzt bis wenige Wochen vor seinem Tod. Wissen Sie, ich habe nicht gewusst, was Angst ist. Aber Vater Simeon hatte eine solche Angst zu sterben wegen seiner Sünden. Ich habe versucht ihn zu trösten, ihm zu sagen, dass Gott ihm doch längst verziehen habe, aber immer wieder hat er sich voller Angst an mich geklammert und auf die Teufel gewiesen, die nach seiner Meinung im Raum waren und auf ihn lauerten. Auch der Gerontas hat es nicht geschafft, ihn zu beruhigen. Und dann, Werner, es war ein ungeheures Erlebnis. In der letzten Nacht begann plötzlich sein Gesicht zu strahlen und er sagte: ›*Makarios knie nieder, er ist da.*‹ Und etwas später: ›*Er hat mir verziehen.*‹ Und dann ist Vater Simeon ganz ruhig in meinem Arm gestorben. Werner, ich hab hier so manches erlebt. Das war bisher das tiefste Erlebnis meines Mönchseins.«

Das Kloster hat einen winzigen Friedhof. Drei Gräber. Die Mönche sind alt, wenn sie sterben, wenigstens Ende 80, denn es gibt hier viele Krankheiten einfach nicht, durch die Sparsamkeit der mönchischen Ernährung vielleicht – zwei vierzigtägige Fastenzeiten pro Jahr, drei vierzehntägige, verschiedene einzelne Fasttage und jeden Montag, Mittwoch und Freitag. Nie Fleisch, selten Ei –, wohl ebenso durch die Intensität des geistlichen Lebens. Wenn also ein Mönch stirbt, so wird eines der Gräber wieder geöffnet. Die Gebeine des darin liegenden Mönchs werden gewaschen, mit Wasser zuerst, dann mit Wein, und dann kommen sie in das Beinhaus, wo alles beieinander liegt, die großen Schenkelknochen, die Armknochen, die Hände, die Schädel. Wenn der Schädel gewaschen ist, dann wird seine Farbe von den Mönchen begutachtet. Je heller der Schädelknochen ist, desto sicherer ist der tote Mönch erlöst. Manchmal ist der Schädel noch dunkel. Dann müssen die Mönche des Klosters Bußübungen machen für ihn. Als ich das letzte Mal im Kloster war, vier Jahre waren inzwischen vergangen, habe ich Vater Makarios gefragt, welche Farbe der Schädel von Vater Simeon hatte.

»Er war weiß, schneeweiß.«

Linsensuppe

250 g	Linsen
1 Stange	Lauch
2–3	Karotten
2	Kartoffeln
	Petersilie (fein gehackt)
2 l	Brühe
1	große Zwiebel
1	Lorbeerblatt
2	Gewürznelken
200 g	geräucherter Speck (in Würfel geschnitten)
100 g	Sauerrahm
	Salz
	Pfeffer

Die verlesenen Linsen 2 Stunden, am besten aber über Nacht, einweichen. Das Einweichwasser wegschütten. Die Linsen mit 2 Liter Brühe in einen Kochtopf geben. Das Gemüse putzen, in Würfel bzw. in Rädchen schneiden und zusammen mit der Petersilie dazugegeben. Die Speckwürfel und die mit Lorbeerblatt und Nelken besteckte Zwiebel ebenfalls in die Suppe geben. Auf kleinem Feuer 2 Stunden köcheln lassen. Mit Salz und Pfeffer abschmecken und mit Sauerrahm verfeinern.
(Man kann auch pro Kopf ein Paar Wiener Würstchen vor dem Anrichten in der Suppe heiß machen.)

Linsensuppe

Bärlauchsuppe

20 g	Butter
1	kleine Zwiebel (fein gehackt)
¾ l	leichte Brühe
300 g	Gemüse (Karotten, Lauch, Sellerie)
2	kleine Kartoffeln
	Salz
	Kümmel
	Majoran
50 g	Bärlauch
125 ml	Milch
4 EL	Sahne

Zum Garnieren:

1	Brötchen (in Würfel geschnitten)
10 g	Butter
	Bärlauchstreifen

Die Butter erhitzen und die Zwiebel darin andünsten. Das geputzte und in Würfel geschnittene Gemüse sowie die Kartoffeln dazugeben und mitdünsten lassen. Mit Brühe ablöschen, mit Salz, Kümmel und Majoran würzen. Das Gemüse weich kochen lassen und pürieren.

Der mit Essigwasser gut gereinigte Bärlauch in Streifen schneiden und in der Milch ebenfalls pürieren. Die so entstandene Bärlauchmilch in die Suppe geben, aufkochen lassen und mit Sahne verfeinern. Die Brotwürfel in Butter rösten, über die Suppe geben und mit feinen Bärlauchstreifen servieren.

Bärlauchsuppe

Bananenauflauf

```
 50 g  Butter
   1   kleine Zwiebel (fein gehackt)
   8   Bananen
 ¼ l   Fleischbrühe
 15 g  Speisestärke
125 g  Fleischwurst
       Saft einer Zitrone
       Salz
       Muskatnuss
       Sahne
       Kartoffelbrei (3 bis 4 Portionen)
```

In heißer Butter die Zwiebel glasig dünsten. Die geschälten Bananen in Scheiben schneiden und mitdünsten lassen. Mit Fleischbrühe ablöschen und sobald die Speise kocht, die Speisestärke in etwas Sahne auflösen und dazugeben. Wenn die Flüssigkeit gebunden ist, die in Würfel geschnittene Fleischwurst dazugeben. Nochmals aufkochen lassen und mit Zitronensaft, geriebener Muskatnuss und Salz abschmecken.

In einer Auflaufform aus Kartoffelbrei einen Rand bilden, den Auflauf hineinfüllen und im Ofen bei 180°C kurz überbacken.

Bananenauflauf

Quarkauflauf

50 g	Butter
3	Eier
500 g	Quark
¼ l	Milch
125 g	Grieß
125 g	gekochter Schinken
	fein gehackte frische Kräuter
	(z.B. Petersilie, Majoran, Salbei)
	Salz
	scharfer Paprika
	Weckmehl
	Butterflöckchen

Die Butter schaumig rühren, Eigelb dazugeben, dann den Quark und die Milch. Gut vermischen. Den Grieß in die Masse rieseln lassen und unterrühren. Zum Schluss den in kleine Würfel geschnittenen Schinken und die fein gehackten Kräuter. Mit Salz und Paprika abschmecken.

Die zu Schnee geschlagenen Eiweiß unterheben und die ganze Masse in eine gut eingefettete Auflaufform füllen, mit Semmelmehl bestreuen und mit Butterflöckchen belegen.

In dem auf 180°C vorgeheizten Ofen ca. 1 Stunde backen. Möglichst gleich servieren.

Quarkauflauf

Blumenkohlauflauf

　1　Blumenkohl
1/8 l　Gemüsebrühe
60 g　Butterfett
60 g　Mehl
　3　Eier
50 g　geriebener Parmesankäse

Den Blumenkohl nicht ganz weich kochen. In einzelne Röslein zerteilen und diese in eine ausgebutterte Auflaufform legen.

1/8 l (125 ml) von der Kochbrühe des Blumenkohls mit 60 g Butter oder Butterfett und einer Messerspitze Salz aufkochen. Das Mehl auf einmal dazuschütten, den Topf vom Feuer nehmen und so lange kräftig rühren, bis sich die Masse vom Topfboden löst.

Nacheinander die Eier unterrühren und diese Creme über die Blumenköhlchen gießen. Mit geriebenem Käse bestreuen. In dem auf 200°C vorgeheizten Backofen 40 Minuten goldgelb überbacken. (Die Creme geht sehr stark auf, dies ist bei der Wahl der Auflaufform zu beachten.)

Blumenkohlauflauf

Etwas Ausgefallenes aus dem Saarland

Blutwurst – etwas Ausgefallenes aus dem Saarland

1 Ring Blutwurst
1 große Zwiebel
übrig gebliebener Kartoffelsalat
(der mit Speck und Zwiebeln
angemacht ist)
Butterfett

Die in Ringe geschnittene Zwiebel in Butterfett glasig dünsten. Den ganzen Ring Blutwurst dazulegen und von beiden Seiten anbraten (die Haut sollte aufplatzen und die Blutwurstmasse sollte sich mit dem Butterfett und der Zwiebel vermischen).
In einer weiteren Pfanne den Kartoffelsalat (der z.B. vom Mittagessen übrig ist) ebenfalls in Butterfett anbraten.
Beides getrennt servieren und heiß miteinander essen.

Leberknödel

250 g	Schweineleber
100 g	Brotwürfel
	Milch (zum Einweichen)
125 g	geräucherter, fetter Speck
100 g	Zwiebel (fein gehackt)
50 g	Hartweizengrieß
2	Eier
1	Knoblauchzehe (gepresst)
	Petersilie (fein gehackt)
	Salz
	Pfeffer
	Muskatnuss
	Öl
3 l	Salzwasser

Die Brotwürfel in lauwarmer Milch einweichen. Zwiebel und Knoblauch in etwas Öl glasig werden lassen. Leber, klein geschnittener Speck, eingeweichte Brotwürfel, Zwiebel und Knoblauch durch den Fleischwolf drehen. Die verquirlten Eier, Grieß und Petersilie darunter mischen, mit Salz, Pfeffer und Muskat würzen. Aus der Knödelmasse mit zwei Esslöffeln eiförmige Knödel formen und im siedenden Salzwasser etwa 12 Minuten ziehen lassen. Heiß mit in Butter gerösteten Brotwürfelchen oder Zwiebeln übergießen. Grünen Salat oder Sauerkraut dazu servieren.

Tipp: Das Kochwasser ist eine hervorragende Suppenbrühe, z.B. mit feinen Fadennudeln und viel fein gehackter Petersilie.

Leberknödel

Kachelmus

Kachelmus

4–6	hart gekochte Eier
1 Glas	Milch
1 kg	geschälte Zwiebeln (fein gehackt)
1 EL	Mehl
100 g	Butter
125 ml	Sahne
	Salz
	Cayennepfeffer

Die Zwiebeln in Butter bräunen, salzen und pfeffern. Mit Mehl bestäuben und mit kalter Milch ablöschen. Auf kleiner Flamme kochen lassen. Nach und nach je 2 EL Sahne dazugeben und gut vermischen, bis die Sahne verbraucht ist. In die so entstandene dicke Sauce die in Scheiben geschnittenen Eier legen. Das Kachelmus mit Pellkartoffeln servieren.

Cervelat-Wurstsalat

6 Cervelat-Würste
1 Zwiebel (fein gehackt)
Salz
Petersilie (fein gehackt)
Pfeffer
Essig
Öl
1 hart gekochtes Eigelb
Senf

Die Würste enthäuten, der Länge nach halbieren und den gewölbten Teil einschneiden, jedoch so, dass die Wursthälften am Stück bleiben.
Mit Zwiebel und Petersilie bestreuen. Aus Essig, Öl, Eigelb, Senf, Salz und Pfeffer eine Vinaigrette herstellen und über die Würste gicßen. Den Wurstsalat auf grüne Salatblätter anrichten, mit Scheiben von gekochten Eiern, Tomatenscheiben und Petersilie servieren.

Schweizerkäse-Salat

400 g Schweizerkäse
3 Schalotten (fein gehackt)
Öl
Essig
Salz
Pfeffer

Den Schweizerkäse in dünne, 2 bis 3 cm lange Stäbchen schneiden. Mit pikanter Essigsauce würzen und gut ziehen lassen.

Elsässer Salat

Schweizerkäse-Salat auf einem Teller (in die Mitte) anrichten, dem Tellerrand entlang den Cervelat-Salat legen, mit Tomaten- und Eischeiben servieren.

Cervelat-Wurstsalat,
Schweizerkäse-Salat, Elsässer Salat

Tiroler Gröstel

800 g	fest kochende Kartoffeln
30 g	Butterfett
1	Zwiebel (fein gehackt)
400 g	Schweineschulter (in feine Scheiben schneiden)
	Salz
	Pfeffer
	Majoran
	Kümmel
	etwas Fleisch- oder Gemüsebrühe
40 g	Butter
	Petersilie (fein gehackt)

Die Kartoffeln weich kochen und schälen. Die abgekühlten Kartoffeln in feine Scheiben schneiden.
Die Zwiebel im heißen Butterfett anrösten und das Fleisch dazugeben. Mit Salz, Pfeffer, Majoran und Kümmel würzen. Mit Fleischbrühe ablöschen und weich dünsten.

Die Kartoffelscheiben in heißer Butter anbraten und das gebratene Fleisch darunter mischen. Nochmals abschmecken. Ein bis zwei Esslöffel Brühe dazugeben. Mit Petersilie bestreuen und zusammen mit Salat (vorzugsweise Krautsalat) servieren.

Tiroler Gröstel

Saure Blättle

1 kg	fest kochende Kartoffeln
30 g	Butterfett
50 g	Mehl
1 EL	gehackte Zwiebeln
¾ l	Fleisch- oder Gemüsebrühe
1 EL	Essig
2 EL	Rotwein
2	Lorbeerblätter
1	Nelke
1	Liebstöckelblatt (gehackt)
	Salz
	Pfeffer

Die Kartoffeln in der Schale kochen und schälen. Wenn sie etwas abgekühlt sind, in ca. ½ cm dicke Scheiben schneiden.
Im Butterfett das Mehl braun rösten. Die Zwiebel kurz mitdämpfen. Mit der Brühe ablöschen. Essig, Rotwein, Lorbeerblätter, Nelke und Liebstöckel dazugeben und mindestens 20 Minuten köcheln lassen. Mit Salz und Pfeffer abschmecken. Die Kartoffelscheiben hineinlegen und die Kartoffelscheiben heiß werden lassen. Mit grünem Salat servieren.
Man kann auch einen Ring Fleischwurst in den »Blättle« heiß machen und vor dem Servieren in 4 Portionen aufteilen.

Saure Blättle

Maultaschen

Nudelteig:
    300 g   Mehl
    1 TL   Butter
    3   Eier
    5 g   Salz

Aus den Zutaten einen Teig kneten und so lange bearbeiten, bis er sich von der Schüssel und vom Brett löst. Dann in drei Teile teilen und jedes Teil so dünn wie möglich auswallen.

Füllung:
    100 g   Speck (in Würfel geschnitten)
    1   Zwiebel (fein gehackt)
    4   trockene Brötchen
        Petersilie (fein gehackt)
    250 g   gekochter Spinat, 50 g roher Spinat
    4   Eier
    300 g   Kalbfleisch-Brät
        Salz
        Pfeffer
        Muskat

Die Brötchen in Wasser einweichen. Den Speck in einer Pfanne auslassen und die Zwiebel darin glasig werden lassen. Petersilie dazugeben und mitdünsten. Die eingeweichten Brötchen ausdrücken und in eine Schüssel geben. Den gekochten Spinat mit dem rohen fein verwiegen und unter die Brötchen mischen. Zunächst Speck, Zwiebel und Petersilie, dann Brät und Eier darunter arbeiten. Mit Salz, Pfeffer und Muskat abschmecken.

Den Nudelteig mit dem Teigrädchen in Rechtecke (ca. 10 x 20 cm) teilen. In die Mitte des Rechtecks jeweils eine entsprechende Menge Füllung streichen, die Ränder mit Eiweiß bepinseln und das Teigblatt zusammenfalten. In siedendem Salzwasser 10 bis 15 Minuten ziehen lassen. Herausnehmen, abtropfen lassen und mit Schnittlauch bestreuen oder mit gerösteten Zwiebeln servieren. Man kann sie aber auch in einer Fleischbrühe garen und mit der Brühe servieren.

Variante: Die gegarten Maultaschen in Butterfett anbraten und mit Kartoffelsalat servieren. Oder aber die gegarten Maultaschen in Streifen schneiden, in Butterfett anrösten und ein verquirltes Ei darüber schlagen. Wenn das Ei gestockt ist, mit grünem Salat servieren.

Maultaschen

Königsberger Klopse

250 g	gehacktes Schweinefleisch
250 g	gehacktes Kalbfleisch
2	kleine eingeweichte, ausgedrückte Brötchen
2	Zwiebeln
¾ l	Gemüse- oder Fleischbrühe
	Pfefferkörner
1 Tasse	Gemüse- oder Fleischbrühe
2	Eigelb
4 EL	Butter
2 EL	Mehl
1 Glas	Weißwein
	Kapern
	Zitronensaft
	etwas Sauerrahm
1 Prise	Zucker

1 EL Butter schmelzen und mit dem Hackfleisch und einem Eigelb mischen. Eine Zwiebel fein hacken und in etwas Butter dämpfen. Zwiebel und die ausgedrückten Brötchen zur Hackfleischmasse geben und unter Zugabe von Brühe einen Kloßteig herstellen. Mit Salz und Pfeffer würzen. Daraus 10 bis 12 Klöße formen.

¾ l Brühe mit einer Zwiebel und 5 Pfefferkörnern aufkochen und in der leise ziehenden Brühe die Klopse in 10 bis 12 Minuten gar werden lassen.
Die restliche Butter erhitzen und mit Mehl eine helle Mehlschwitze herstellen. Mit ca. ⅜ l Brühe eine helle Sauce bereiten.

Mit Zitronensaft, Weißwein und Sauerrahm abschmecken, mit Eigelb legieren und nach Geschmack Kapern und Zucker beifügen.

Königsberger Klopse

Kakalinski oder Bäbb

```
   1 kg   Kartoffeln
 125 g   Mehl
     2   große Zwiebeln
     2   Eier
         Pfeffer
         Salz
  2 EL   Majoran
 200 g   durchwachsener Speck
         (in Würfel geschnitten)
  50 g   Schmalz
```

Kartoffeln schälen und reiben. Zwiebeln reiben. Kartoffeln, Zwiebeln, Mehl und Eier mischen, mit Salz, Pfeffer und Majoran würzen.
Ein Backblech mit Schmalz bestreichen, den Teig darauf verteilen und mit den Speckwürfelchen bestreuen. In dem auf 180°C vorgeheizten Backofen 60 Minuten backen. Noch heiß in Stücke schneiden und sofort servieren.

Kakalinski oder Bäbb

Blindhuhn

250 g	weiße Bohnen
375 g	durchwachsener Räucherspeck
250 g	grüne Bohnen
250 g	Karotten
250 g	Kartoffeln
2	große, säuerliche Äpfel
4	kleine Birnen
	Bohnenkraut
	Salz
1 Prise	Zucker

Die weiße Bohnen über Nacht in ¾ l Wasser einweichen. Im Weichwasser etwa 90 Minuten weich kochen. In den letzten 30 Minuten den Speck, das geputzte Gemüse und das Obst (Birnen ganz, Äpfel geschält und gewürfelt) dazugeben. Mit Salz, einer Prise Zucker und Bohnenkraut abschmecken.

Blindhuhn

Bunter Fischtopf

750 g	Fischfilet
	Zitronensaft
4 EL	Butter
1	Zwiebel
1 Stange	Lauch
1	kleine Sellerieknolle
5	Karotten
750 g	grüne Bohnen oder Rosenkohl
5	mittlere Kartoffeln
	Petersilie
	Salz
	Pfeffer

Die Fischfilets säubern, säuern und beiseite stellen. Gemüse putzen und in Würfel bzw. Rädchen schneiden. Kartoffeln schälen und ebenfalls in Rädchen schneiden. Die fein geschnittene Zwiebel in Butter andünsten und das Gemüse dazugeben. Nach 10 Minuten mit 2 Tassen heißem Wasser ablöschen und salzen. 20 Minuten köcheln lassen. Die Fischfilets darauf legen und 15 Minuten mitdämpfen lassen. Nochmals mit Salz und Pfeffer abschmecken. Vor dem Servieren mit gehackter Petersilie bestreuen.

Bunter Fischtopf

Schinkenmakkaroni

- 500 g Makkaroni
- 200 g gekochter Schinken
  (in feine Streifen geschnitten)
- 4 Eier
- ½ l Sahne
- 100 g Schweizerkäse (gerieben)
  Salz
  Muskatnuss
  Butterflöckchen

Die Makkaroni in Salzwasser kochen, abschütten und in eine ausgefettete Auflaufform abwechselnd mit Schinken schichten. Die oberste Schicht sollen Makkaroni sein.

Eier verquirlen, Sahne und Käse gut untermischen, mit Salz und Muskatnuss abschmecken und über die Makkaroni geben. Ein paar Butterflöckchen darüber streuen. Die Schinkenmakkaroni in dem auf 200°C vorgeheizten Backofen 20 bis 30 Minuten überbacken, bis sich eine goldgelbe Kruste gebildet hat und die Eier gestockt sind. Eventuell eine Nadelprobe machen, es darf kein Ei hängen bleiben.

Schinkenmakkaroni

Makkaroni-Auflauf

500 g	Makkaroni
	Salz
150 g	Butter
2	Eier
100 g	Parmesan
	Zimtpulver
	Muskatnuss
2–3	Zwiebeln (gehackt)
700 g	Hackfleisch
1 Tasse	Weißwein
5–6	reife Tomaten
	fein gehackte Petersilie
	Salz
	Pfeffer

Für die Form:
Butter und Paniermehl

Zum Überbacken:

1 Tasse	Parmesan
½ l	Milch
3	Eier
2 EL	Butter
3 EL	Stärkemehl
	Salz

Die Makkaroni in Salzwasser al dente kochen, abschütten und mit 100 g Butter vermischen. Die Eier schlagen, den Parmesankäse dazugeben mit Zimt und Muskat würzen. Mit den Makkaroni vermischen.

Die fein gehackten Zwiebeln in der restlichen Butter dämpfen, das Hackfleisch dazugeben, leicht anbraten und mit dem Wein ablöschen. Die Tomaten häuten, Kerne entfernen, klein schneiden und zum Fleisch geben. Außerdem die fein gehackte Petersilie, Salz, Pfeffer und eine Tasse heißes Wasser. 20 Minuten köcheln lassen.

Eine Auflaufform ausbuttern und mit Paniermehl bestreuen. Die Hälfte der Makkaroni hineinfüllen. Mit der Hälfte des Parmesan bestreuen. Das Fleisch darüber geben und mit der zweiten Hälfte der Makkaroni bedecken.

Das Stärkemehl in etwas kalter Milch anrühren. Die restliche Milch heiß machen, das aufgelöste Stärkemehl unter Rühren langsam hineingeben. Unter ständigem Rühren aufkochen, den Topf vom Feuer nehmen, die verquirlten Eier und die Butter hineinrühren. Mit Salz abschmecken. Die Creme über den Auflauf gießen und mit dem Rest Parmesan bestreuen.

Das Ganze bei 180°C im Ofen 1 Stunde überbacken.

Makkaroni-Auflauf

Italienischer Salat

(für 6 Personen)

500 g	gekochte Kartoffeln (geschält und gewürfelt)
125 g	rohe Äpfel (geschält und gewürfelt)
125 g	gekochter Schinken (in Würfel geschnitten)
4	gewässerte Salzheringsfilets (in Würfel geschnitten)
1	kleine Zwiebel (fein gehackt)
3 EL	Essig
¼ l	Fleisch- oder Gemüsebrühe
3 EL	Öl
1 Prise	Zucker
	Salz
	Pfeffer

Alle Zutaten vorsichtig aber gut mischen. Einige Stunden ziehen lassen. Den Salat als Berg anrichten und ihn mit Scheiben von gekochtem Ei, von gekochter Rote Bete und Essiggurken belegen.

Italienischer Salat

Schäufele

(für 4 bis 8 Personen)

1–3 kg	Schäufele mit Knochen (je größer desto saftiger)
1	Zwiebel
1	Lorbeerblatt
3–4	Nelken
1 TL	schwarze Pfefferkörner
1 TL	Wacholderbeeren

Das Schäufele in einen Kochtopf geben und mit Wasser gerade bedecken. Die mit Nelken und Lorbeerblatt besteckte Zwiebel dazugeben, ebenfalls die Pfefferkörner und die Wacholderbeeren. Den Sud allmählich zum Kochen bringen, er darf jedoch nur Bläschen ziehen.
Wenn sich das Fleisch vom Knochen zu lösen beginnt, nach etwa 2 Stunden, ist das Schäufele gar.
Das Schäufele aufschneiden und auf Sauerkraut anrichten.
Einen Kartoffelbrei, der mit viel Butter schaumig geschlagen und mit Muskatblüte gewürzt ist, dazu servieren (oder einen warmen Kartoffelsalat, der mit der heißen Schäufelebrühe angemacht wird).

Schäufele

Eingemachtes Kalbfleisch

1 kg	Kalbsbrust oder -Bug
	(in Ragoutwürfel geschnitten)
3 l	Wasser
	Salz
1 Bund	Petersilie
1	kleine Zwiebel
1	Lorbeerblatt
2	Nelken
1	Zitronenscheibe
4 EL	Weißwein
½ EL	Essig

Für die Sauce:

50 g	Butter
80 g	Mehl
1	Eigelb
	Weißwein
	Salz
	Pfeffer
	Muskat

3 l Salzwasser mit Petersilie, der mit Lorbeerblatt und Nelken besteckten Zwiebel, Zitronenscheibe, Weißwein und Essig aufsetzen. In die kochende Flüssigkeit die Fleischwürfel geben und 1 Stunde sachte weich kochen. Herausnehmen und warm stellen.

Für die Sauce aus Butter und Mehl eine Mehlschwitze bereiten, mit so viel Kochbrühe ablöschen, wie Sauce gewünscht wird. Ein Eigelb verrühren und unterziehen. Mit Weißwein verfeinern. Mit Salz, Pfeffer und Muskatnuss abschmecken.

Die weichen Fleischwürfel in die Sauce geben und erhitzen, allerdings nicht mehr kochen. Mit Nudeln und grünem Salat servieren.

Eingemachtes Kalbfleisch

Gefüllte Kalbsbrust

1 kg Kalbsbrust *(vom Metzger vorbereitet)*
Butterfett
2–3 Karotten
2 Zwiebeln
1 Lorbeerblatt
2 Nelken
Fleischbrühe

Für die Füllung:
2–3 trockene Brötchen
1/8 l Milch
1 Zwiebel *(fein gehackt)*
Petersilie *(fein gewiegt)*
2–3 Eier
100 g Kalbsbrät
Salz
Pfeffer
Majoran
Muskat

Brötchen in dünne Scheiben schneiden, mit der kochenden Milch übergießen und eine halbe Stunde einweichen lassen. Die Zwiebel und Petersilie in Butterfett dünsten und zu den aufgeweichten Brötchen geben. Mit Eiern und Brät eine gleichmäßige Masse herstellen. Salzen und mit Pfeffer, Majoran und Muskat würzen.
Damit die Kalbsbrust füllen. Vorsicht! Zu viel Füllung bringt die Kalbsbrust zum Platzen. Die Öffnung mit Nadel und Zwirn fest zunähen.

In einer Kasserolle Butterfett erhitzen und die gefüllte Brust von allen Seiten anbraten. Nach 10 Minuten Karotten, halbierte Zwiebeln, Lorbeerblatt und Nelken dazugeben. Mit einer Tasse Fleischbrühe ablöschen. Die Kasserolle schließen und in den auf 250°C vorgeheizten Backofen stellen. Von Zeit zu Zeit die Kalbsbrust mit dem Bratensaft übergießen. Evtl. mit etwas heißem Wasser ergänzen.

Nach 1 1/2 Stunden Deckel abnehmen und noch ca. 10 Minuten im Ofen lassen, damit sich eine appetitliche Kruste bildet. Den Bratensaft evtl. mit etwas Mehlbutter binden.

Gefüllte Kalbsbrust

Ofenkartoffeln

2 kg	Kartoffeln
3	geschälte Knoblauchzehen
	Salz
½ TL	Oregano
	etwas scharfes Paprikapulver
1 Tasse	Olivenöl
	Saft von 2 Zitronen

Kartoffeln schälen, in Achtel schneiden, auf ein Backblech setzen. Die Knoblauchzehen fein schneiden und über die Kartoffel streuen, ebenso Oregano, Paprikapulver und Salz.
Die Kartoffelstücke mit Öl und Zitonensaft beträufeln. Das Blech bei höchster Temperatur in den Ofen stellen. Nach einer halben Stunde Hitze reduzieren und die Kartoffel während einer weiteren halben Stunde braun werden lassen.
Mit Salat servieren. Es genügt auch ein Glas Rotwein!!

Ofenkartoffeln

Eier im Gefängnis

einige große Kartoffeln
ebenso viele frische Eier
Salz
Pfeffer
Muskat
Butter

Die Kartoffeln kochen. Mit dem Messer der Länge nach etwa ein Viertel abschneiden und als Deckel weglegen. Den größeren Teil mit einem Löffel vorsichtig aushöhlen, sodass noch genügend »Kartoffel« bleibt. In die Höhlung Salz, Pfeffer, Muskat und ein wenig Butter geben und ein rohes Ei darauf setzen. Den Deckel wieder darauf legen und im Ofen bei mittlerer Hitze (180°C) einige Minuten backen, bis die Eier gestockt sind. Am besten auf das Bratgitter legen, damit die Kartoffel Halt haben. Vor dem Servieren evtl. schälen.

Eier im Gefängnis

Betenbartsch

400 g	geschälte, gekochte Rote Bete
¾ l	Brühe
1	kleine Zwiebel
	Majoran
	Salz
20–30 g	Mehl
½ TL	Zucker
1 EL	Essig
⅛ l	Sauerrahm
1 EL	geräucherter Speck

Die Beten pürieren. Die Zwiebel mit Majoran in Brühe kochen. Zwiebel und Majoran aus Brühe nehmen, den Betenbrei hineingeben, kurz aufkochen und mit Mehl binden. Mit Salz, Essig und Zucker abschmecken. Zuletzt Sauerrahm und ausgelassene Speckwürfel dazugeben.

Betenbartsch

Grünkernküchle

Grünkernküchle

- ½ l Fleischbrühe
- 250 g Grünkerngrieß oder -schrot
-   Butterschmalz zum Braten
- 2 Zwiebeln
- 1 Knoblauchzehe
- 2 EL fein gehackte Petersilie
- 2 Eier
- 4 EL Semmelbrösel
-   Salz
-   Pfeffer
-   Muskat

Fleischbrühe zum Kochen bringen und unter kräftigem Rühren den Grünkerngrieß hineinrieseln lassen. Unter weiterem Rühren auf kleinem Feuer etwa 15 bis 20 Minuten quellen lassen, bis die Flüssigkeit aufgesaugt und eine kompakte Masse entstanden ist.

Die fein gehackten Zwiebel, Knoblauchzehe und Petersilie in Butterfett glasig dünsten.

Abkühlen lassen. Mit Eiern, Semmelbröseln, Salz, Pfeffer, Muskat zum Grünkern geben und gut vermischen. Aus dem so entstandenen festen Teig etwa 2 cm dicke Küchle formen. In Butterschmalz auf beiden Seiten schön braun braten.

Schmecken gut zu einem Braten aber auch ganz einfach mit Salat.

Löwenzahnsalat

200 g frische, junge Löwenzahnblätter
50 g geräucherter Speck
1 Schuss Weinessig

Löwenzahn putzen und waschen. Will man ihn weniger bitter, lässt man ihn eine Zeit in lauwarmem Wasser liegen. Das entzieht Bitterstoffe.
Den Speck in kleine Würfelchen schneiden und in einer Pfanne auslassen. Mit einem Schuss Essig ablöschen und warm über den Löwenzahn geben.

Löwenzahnsalat

Kartoffelküchle

Kartoffelküchle

    1 kg   gekochte, geschälte Kartoffeln
evtl. 1–2 EL Mehl
      3   Eier
  1 EL   fein geschnittene Zwiebel
  1 EL   fein geschnittene Petersilie
           Salz
           Muskat
           Majoran

Die Kartoffel durch den Fleischwolf drehen. Zwiebel und Petersilie in etwas Butterfett glasig dämpfen. Dann wird aus den zerdrückten Kartoffeln, Zwiebeln, Petersilie, Eiern und den Gewürzen ein Teig gemacht. Sind die Kartoffeln feucht oder neu, 1 bis 2 EL Mehl dazugeben.

Mit bemehlten Händen ca. 2 cm dicke, nicht zu kleine runde Küchle formen und im heißen Butterfett auf beiden Seiten knusprig braten. Schmecken zu Gemüse, z. B. Weißkraut und Salat.

Bibeliskäs

   1 kg   Magerquark
   ½ l   süße Sahne
   1   Zwiebel
1 Bund   Schnittlauch
          Salz
          Pfeffer

Den Quark durch ein Haarsieb streichen, dadurch wird er lockerer. Die Sahne steif schlagen und unterheben. Zwiebel und Schnittlauch ganz fein schneiden und dazumischen. Mit Salz und Pfeffer abschmecken. Man kann anstelle von Schnittlauch auch andere Kräuter wie Kerbel, Liebstöckel, Borretsch fein hacken und untermischen.
Man isst den Bibeliskäs zu Pellkartoffeln oder Brot.

Bibeliskäs

Apfelküchle

1 kg	mürbe Äpfel
80 g	Zucker
3–4	Eier
300 g	Mehl
½ l	Bier
1 EL	Öl
1 EL	Kirschwasser

Fett zum Backen
Zucker und Zimt

Die Äpfel schälen, das Kernhaus herausstechen, in 1 cm dicke Scheiben schneiden, mit 80 g Zucker bestreuen, ziehen lassen.

Aus Eiern, Mehl, Bier, Öl, Kirschwasser einen dickflüssigen Teig rühren. (Er wird luftiger, wenn das Eiweiß getrennt zu Schnee geschlagen und zum Schluss untergehoben wird!)

Mit einer Gabel taucht man die Apfelscheiben in den Teig und bäckt sie dann in viel Fett von beiden Seiten hellbraun. Auf Küchenkrepp abtropfen lassen und mit Zucker und Zimt bestreut anrichten.

Apfelküchle

Kirschenplotzer

6	große Milchbrötchen
1/2 l	Milch
250 g	Butter
6	Eier
200 g	Zucker
250 g	gestiftelte Mandeln
2 TL	Zimt
1 Msp.	Nelkenpulver
	Kirschwasser nach Geschmack
1 1/2 kg	süße Kirschen
	Butter für die Form

Brötchen in kleine Stücke schneiden und mit kochender Milch übergießen. Beiseite stellen.
Butter schaumig rühren. Eigelb und Zucker dazugeben sowie Mandeln, Nelkenpulver, Zimt und Kirschwasser. Gut vermischen. Die Eiweiß zu Schnee schlagen und unterheben.
Brötchen ausdrücken und mit den gut gewaschenen Kirschen unter den Teig mengen.
In eine gut ausgebutterte Auflaufform füllen und 75–85 Minuten im auf 180°C vorgeheizten Ofen backen. Stäbchenprobe: es darf nichts hängen bleiben. Warm servieren.
Wenn man die Kirschen nicht entsteint, ist der Plotzer saftiger!

Kirschenplotzer

Register

Apfel   58, 71, 76, 127, 132, 148
Apfelkuchen   76
Apfelkuchen, Bündner   76
Apfelküchle   148
Apfelrösti   71
Appenzeller Haferflockensuppe   45
Aprikosen   80
Auberginen   59
Auberginen-Auflauf   59

Bäbb   126
Bananenauflauf   112
Bärlauchsuppe   111
Betenbartsch   142
Bibeliskäs   147
Bienenstich   79
Birnen   80, 127
Blättle, saure   121
Blattmangold   40
Blindhuhn   127
Blumenkohl   114
Blumenkohlauflauf   114
Blutwurst   115
Bodenkohlrabi   50
Bohnen   36, 43, 47, 127, 128
Bohnen- und Gerstensuppe, Bündner   36
Brennnessel   40
Buchweizen   60
Buchweizennudeln   60
Bündner Apfelkuchen   76
Bündner Bohnen- und Gerstensuppe   36
Bündner Polenta   63
Bunter Fischtopf   128
Butterrüben   50

Cervelat-Wurstsalat   118
Chäs-Chügelisuppe   42
Curry-Reis, gebackener   60

Eier   117, 141
Eier im Gefängnis   141
Eingemachtes Kalbfleisch   136
Elsässer Salat   118
Erbsen   66
Etwas Ausgefallenes aus dem Saarland   115

Fenchel   50
Fisch   128
Fischtopf, bunter   128
Fladen, süße   78
Französisches Kartoffelsoufflé   66
Früchte   80
Früchtepudding   80

Gebackener Curry-Reis   60
Gefüllte Kalbsbrust   138
Genfer Malakoff   54
Gerste   36
Gougère   53
Gratin dauphinois   56
Gratinierte Kartoffelkroketten   68
Grieß   46, 70, 113, 116
Grießauflauf   70
Gröstel, Tiroler   120
Grünkerngrieß   143
Grünkernküchle   143

Haferflockensuppe, Appenzeller   45

Italienischer Salat   132

Kachelmus   117
Kakalinski oder Bäbb   126
Kalbfleisch   122, 124, 136, 138
Kalbfleisch, eingemachtes   136
Kalbfleischbrät   122, 138
Kalbsbrust   136, 138
Kalbsbrust, gefüllte   138
Kaldaunen   50

Karotten   36, 43, 50, 63, 64, 110, 111, 127, 128, 138
Kartoffel-Käse-Gratin, Savoyardischer   55
Kartoffelkroketten, gratinierte   68
Kartoffelküchle   146
Kartoffeln   36, 38, 48, 50, 51, 55, 56, 58, 64, 65, 66, 68, 69, 110, 111, 120, 121, 126, 128, 132, 140, 141, 146
Kartoffeln, Ofenkartoffeln   140
Kartoffelsoufflé, Französisches   66
Käse   39, 41, 42, 43, 44, 45, 46, 47, 48, 51, 52, 53, 54, 55, 56, 57, 59, 63, 66, 68, 114, 119, 129, 130
Käseauflauf aus dem Waadtland (Gougère) 53
Käse-Weißwein-Gratin   52
Kirschen   150
Kirschenplotzer   150
Königsberger Klopse   124
Kräuterkartoffeln   69
Kutteln   50
Kuttelplätze   50

Lauch   36, 43, 45, 110, 111, 128
Leberknödel   116
Linsen   110
Linsensuppe   110
Löwenzahn   114
Löwenzahnsalat   144

Mais   63
Makkaroni   129, 130
Makkaroni-Auflauf   130
Malakoff, Genfer   54
Mangold   51
Maultaschen   122
Minestrone   43

Ofenkartoffeln   140

Paprika   39
Peperoni   39
Peperonisuppe   39
Pizzocheri, Veltliner   51

Polenta   63
Pudding, Früchtepudding   80
Pudding, Schokoladenpudding   80

Quark   113, 147
Quarkauflauf   113

Ramequin   52
Ramozerhörnli   66
Reis   47, 60
Reis, Veltliner   47
Rohrnudeln   72
Rosenkohl   128
Rösti   64
Rote Bete   142

Saaner Raveg'chöch (Butterrüben, Bodenkohlrabi)   50
Salzheringfilet   132
Saure Blättle   121
Savoyardischer Kartoffel-Käse-Gratin   55
Schäufele   134
Schinken   113, 129, 132
Schinkenmakkaroni   129
Schokoladenpudding   80
Schweinefleisch   63, 64, 120, 130
Schweineleber   116
Schweineschulter   120
Schweinshaxen   63
Schweinsragout   64
Schweizerkäse-Salat   118
Sellerie   36, 43, 58, 111, 128
Sellerie-Kartoffelsalat   58
Soldaten-Käsesuppe   41
Spaghetti Antonio   57
Speck   36, 110, 116, 122, 126, 127, 144
Spezzatino, Tessiner   64
Spinat   40, 122
Spinat-, Blattmangold- oder Brennnesselsuppe   40
Stielmangold   51
Süße Fladen   78

Tessiner Spezzatino   64
Thunfisch   57, 60
Tiroler Gröstel   120
Tomaten   38, 43, 48, 57, 58, 59, 60, 130
Tomatenfondue   48
Tomatensuppe   38

Vanille   75, 79
Vanillesauce   75
Veltliner Pizzocheri   51
Veltliner Reis (Riso alla valtellinese)   47
Vogelheu   74

Waadtländer Suppe   46
Wirsing   47

Zwetschgen   80
Zwiebel   36, 42, 43, 44, 45, 50, 57, 60, 63, 64, 110, 115, 116, 117, 126
Zwiebelsuppe   44

Meine eigenen Rezepte

Meine eigenen Rezepte

Meine eigenen Rezepte

Meine eigenen Rezepte

Was die Großmutter noch wußte
Großmutters Tipps sind die besten.
Das gilt für Kräuter und Schönheit
ebenso wie für ihre Küchenrezepte.
160 Seiten, 84 Bilder, davon
78 in Farbe, 12 Zeichnungen
Bestell-Nr. 40838

Vom Apfel bis zur Zwiebel
Speisen mit Äpfeln, Brot, Fleisch,
Eiern, Kartoffeln, Milchprodukten,
Tomaten, Wein und Zwiebeln.
168 Seiten, 118 Farbbilder
Bestell-Nr. 40912

Was die Großmutter noch wusste
Mit Kathrin Rüegg und Werner O. Feißt

Jeder Band aus der beliebten Reihe »Was die Großmutter noch wußte« kostet DM 39,80/ € 22,–/ sFr 37,90/ öS 291,–

Essen wie damals
Rezepte für einfache Gerichte und
festliche Mahlzeiten, Küchentechnisches, Gärtnerisches, Heilmedizin
u.v.a. von »damals« für heute.
160 Seiten, 89 Farbbilder
Bestell-Nr. 40947

Gemüse nach Großmutterart
Eine bunte Palette von Rezepten für
gesunde und urtümliche Gemüsegerichte, mit stimmungsvollen
Tessiner Bildern und Geschichten.
160 Seiten, 59 Farbbilder
Bestell-Nr. 41104

Großmutters Küche zwischen Elsaß und Engadin
Regionalen Köstlichleiten – vom
Flammekueche bis Speckrösti und
Saumagen.
144 Seiten, 71 Farbbilder
Bestell-Nr. 41190

Großmutters Mittelmeer-Küche
Kulinarisches von Andalusien bis
Zypern – begleitet von Geschichten
über Land und Leute.
168 Seiten, 69 Farbbilder
Bestell-Nr. 41218

Großmutters Kräuterküche
Wie kochen Profis mit Kräutern? Was
und wie viel braucht man? Hier steht
alles drin über tolle heimische Kräuter – vom Anis bis Zitronenmelisse.
168 Seiten, 72 Farbbilder, 15 Zeichn.
Bestell-Nr. 41248

Gewürze
Rezepte aus alten Kochbüchern mit
Speisen, die durch Gewürze ihren
Pfiff erhalten – von der Suppe bis
zu Desserts und Kuchen,
168 Seiten, 63 Farbbilder
Bestell-Nr. 41283

Gute Küche ohne Fleisch
Nahrhaftes und wohlschmeckendes
Essen – ohne Fleisch. Die besten
vegetarischen Rezepte aus alten
Kochbüchern neu ausprobiert.
168 Seiten, 80 Farbbilder
Bestell-Nr. 41320

Zu Gast bei Kathrin und Werner
Rezepte sind eine Zutat
des Buches. Die andere
sind jene Geschichten,
die Kathrin und Werner
erzählen, wenn das Essen
gegessen ist.
144 Seiten, 57 Farbbilder
Bestell-Nr. 41349

Ihr Verlag für Kathrin-Rüegg-Bücher
Gewerbestraße 10, CH-6330 Cham
Postfach 4161, CH-6304 Zug
Telefon ++41(0)41 740 30 40
Telefax ++41(0)41 741 71 15

Stand September 2001 – Änderungen in Preis und Lieferfähigkeit vorbehalten – Ab 1. Januar 2002 gelten die neuen gebundenen Euro-Preise

Gegen alles ist ein Kraut gewachsen

meinen Werner O. Feißt und Ina Ilkhanipur

Großmutters Hausmittel – Wenn's wo weh tut

In der bekannten Sendung »Was die Großmutter noch wusste« werden immer wieder Großmutterrezepte gegen Alltagsbeschwerden vorgestellt. Daraus ist eine Sammlung alter Hausmittel gegen Krankheiten und allerlei Alltagsbeschwerden entstanden. So finden Sie vom Apfel bis zur Zwiebel Vorschläge zur Linderung von Beschwerden. Dieser Band ist ein praktisches Selbsthilfebuch, um Krankheiten vorzubeugen, zu erkennen und selbst zu behandeln.

144 Seiten, 67 Farbbilder
Bestell-Nr. 41378
DM 39,80/€ 22,–
sFr 37,90/öS 291,–

Ihr Verlag für Ratgeber
Gewerbestraße 10, CH-6330 Cham
Postfach 4161, CH-6304 Zug
Telefon ++41(0)41 740 30 40
Telefax ++41(0)41 741 71 15